Volker Weidermann

Ostende

1936, Sommer der Freundschaft

btb

HAMPSHIRE COUNTY LIBRARY

9783442748914

C015440285

MIX
Papier aus verantwor-
tungsvollen Quellen
FSC
www.fsc.org
FSC® C083411

Verlagsgruppe Random House FSC® N001967
Das für dieses Buch verwendete FSC®-zertifizierte
Papier *Lux Cream* liefert Stora Enso, Finnland.

1. Auflage
Genehmigte Taschenbuchausgabe September 2015
Copyright © 2014 Verlag Kiepenheuer & Witsch, Köln
Umschlaggestaltung: semper smile, München
nach einem Umschlagentwurf von Rudolf Linn, Köln
Umschlagmotiv: © plainpicture / donkeysoho
Druck und Einband: CPI books GmbH, Leck
SK · Herstellung: sc
Printed in Germany
ISBN 978-3-442-74891-4

www.btb-verlag.de
www.facebook.com/btbverlag
Besuchen Sie auch unseren LiteraturBlog www.transatlantik.de

Es ist Sommer hier oben am Meer, die bunten Badehäuser leuchten in der Sonne. Stefan Zweig sitzt im dritten Stock eines weißen Hauses am breiten Boulevard von Ostende in einer Loggia. Er schaut aufs Meer. Davon hat er immer geträumt, von diesem großen Blick in den Sommer, in die Leere, schreibend und schauend. Ein Stockwerk über ihm wohnt seine Sekretärin Lotte Altmann, die seit zwei Jahren auch seine Geliebte ist, sie wird gleich herunterkommen und die Schreibmaschine mitbringen, er wird ihr seine Legende diktieren, dabei immer wieder zurückkehren zu der einen Stelle, an der es stockt, an der er nicht weiterweiß. Seit einigen Wochen geht das schon so.

Vielleicht weiß Joseph Roth ja Rat. Der alte Freund, den er nachher im Bistro treffen wird, wie jeden Nachmittag in diesem Sommer. Oder einer der anderen, einer der Spötter, einer der Kämpfer, einer der Zyniker, einer der Liebenden, einer der Sportler, einer der Trinker, einer der Redner, einer der schweigenden Betrachter. Einer von denen, die da unten sitzen, am Boulevard von Ostende, die darauf warten, dass sie in ihre Heimat zurückkehren können. Die sich jeden Tag den Kopf zermartern über der Frage, was sie dazu beitragen können, dass sich die Welt schon bald in eine andere Richtung dreht. Damit sie heimkehren können in das Land, aus dem sie stammen, um dann eines Tages vielleicht auch wieder hierherzukommen. An diesen Ferienstrand. Als Gäste. Jetzt sind sie Menschen auf der Flucht in einer Urlaubswelt. Der scheinbar immer frohe Hermann Kesten, der Prediger Egon Erwin Kisch, der Bär Willi Münzenberg, die Champagnerkönigin Irmgard Keun, der große Schwimmer Ernst Toller, der Stratege Arthur Koestler, Freunde, Feinde, von einer Laune der Weltpolitik in diesem Juli hierher an den Strand geworfene Geschichtenerzähler. Erzähler gegen den Untergang.

Stefan Zweig im Sommer 1936. Er blickt durch die großen Fenster auf das Meer und denkt mit einer Mischung aus Rührung, Scheu und Freude an die Gemeinschaft der Fliehenden, zu der er sich gleich wieder hinzugesellen wird. Sein Leben war bis vor wenigen Jahren ein einziger, viel bewunderter, viel beneideter Aufstieg. Jetzt hat er Angst, er fühlt sich gebunden durch Hunderte Verpflichtungen, Hunderte unsichtbare Fesseln. Es gibt keine Lösung, gibt keinen Halt. Aber es gibt diesen Sommer, in dem sich alles noch einmal wenden soll. Hier, an diesem überbreiten Boulevard mit den prachtvollen weißen Häusern, dem großen Casino, diesem phänomenalen Palast des Glücks. Urlaubsstimmung, Ausgelassenheit, Eiscreme, Sonnenschirme, Trägheit, Wind und bunte Bretterbuden.

*

Es ist lange her, seit er zum ersten Mal hier gewesen ist, an diesem Ort, an dem das Unglück 1914 begonnen hatte; mit den Nachrichten, den Zeitungsjungs an der Strandpromenade, die jeden Tag aufgeregter geschrien hatten, aufgeregter und freudiger, weil sie das Geschäft ihres Lebens machten.

Vor allem die deutschen Badegäste hatten ihnen die Blätter aus den Händen gerissen. Die Jungs brüllten die Schlagzeilen heraus: »La Russie provoque l'Autriche«, »L'Allemagne prépare la mobilisation«. Und auch Zweig – blass, gut gekleidet, mit dünnrandiger Brille – war deswegen mit der Straßenbahn herübergekommen, um den Nachrichten näher zu sein. Die Schlagzeilen wirkten elektrisierend auf ihn, er fühlte sich angenehm aufgewühlt und erregt. Natürlich war ihm klar, dass die ganze Aufregung nach kurzer Zeit wieder der großen Stille gewichen sein würde. Aber in diesem Moment wollte er es einfach nur genießen. Die Möglichkeit eines großen Ereignisses. Die Möglichkeit eines Krieges. Die Möglichkeit einer grandiosen Zukunft, einer Welt in Bewegung. Seine Freude war besonders groß, wenn er in die Gesichter seiner belgischen Freunde blickte. Sie waren blass geworden in den letzten Tagen. Sie waren nicht bereit, das Spiel mitzuspielen. Sie schienen die ganze Sache irgendwie sehr ernst zu nehmen. Stefan Zweig lachte. Er lachte über die mickrigen Trupps belgischer Soldaten auf der Promenade. Lachte über ein Hündchen, das ein Maschinengewehr hinter sich herzog. Lachte über den ganzen heiligen Ernst seiner Freunde.

Er wusste, dass sie nichts zu befürchten hatten. Er wusste, dass Belgien ein neutrales Land war, er wusste, dass Deutschland und Österreich niemals in ein neutrales Land einfallen würden. »An dieser Laterne könnt ihr mich aufknüpfen, wenn die Deutschen hier einmarschieren«, rief er den Freunden zu. Sie blieben skeptisch. Und mit jedem Tag wurden ihre Mienen düsterer.

Wo war sein Belgien plötzlich hin? Das Land der Vitalität, Kraft, Energie und eines intensiven, eines anderen Lebens. Das war es, was er an diesem Land, an diesem Meer so liebte. Und weshalb er den größten Dichter des Landes so verehrte.

Émile Verhaeren war die erste geistige Liebe in Zweigs Leben gewesen. Bei ihm hatte er als junger Mann zum ersten Mal den Gegenstand vorbehaltloser Bewunderung gefunden. Verhaerens Gedichte hatten Stefan Zweig erschüttert wie nichts zuvor. An ihnen hatte er seinen eigenen Stil geschult, sie zunächst nachgeahmt, dann nachgedichtet, später Gedicht für Gedicht ins Deutsche übertragen. Er war es, der Émile Verhaeren in Deutschland und Österreich bekannt gemacht hatte und 1913 ein schwärmerisches Verehrungsbuch über ihn im Insel-Verlag veröffentlichte. Darin schrieb er: »Und darum ist es heute an der Zeit, von Émile Verhaeren zu reden, dem Größten und vielleicht dem Einzigen der Modernen, die das bewußte Gefühl des Zeitgenössischen dichterisch empfunden, dichterisch gestaltet haben, dem Ersten, der mit unvergleichlicher Begeisterung und unvergleichlicher Kunst unsere Zeit zum Gedichte versteinert hat.«

Auch wegen dieser Begeisterung Verhaerens, dieser Lebensfreude, seines Vertrauens in die Welt, war Stefan Zweig Ende Juni nach Belgien gefahren, ans Meer. Um seine eigene Begeisterung an Verhaerens Begeisterung zu stärken. Und um den zu sehen, der das gedichtet hatte, was Stefan Zweig ins Deutsche übertrug. Wie zum Beispiel *Die Begeisterung,* die so beginnt:

Wenn wir einander unentwegt Bewundrung zollen
Aus unsrer Herzen tiefster Glut und Gläubigkeit,
So werdet ihr, die Denker, Dichter, ihr, die Meister,
Die neue Formel finden für die neue Zeit.

Es sind Hymnen an das Leben. Traumlandschaften. Mit hellem Blick so lange die Welt betrachten, bis sie sich ganz von selbst erhellt und dem Gedicht entspricht, das sie gepriesen hat. Und diese Liebe zur Welt, dieser Enthusiasmus waren hart erkämpft. Einer dunklen Wirklichkeit mühsam abgerungen.

Ich liebe meinen Fieberblick, mein Hirn, die Nerven,
Im Herzen und im Leib des Blutes warmes Raunen,
Ich liebe Mensch und Welt und will die Kraft
    bestaunen,
Die meine Kräfte spendend in das Weltall werfen.

Denn Leben heißt allein: Empfangen und
    Verschwenden,
Und nur die Sehnsuchtswilden haben mich begeistert,
Die auch so gierig standen, keuchend und bemeistert
Vom Leben und von seiner Weisheit roten Bränden.

Zwei Sehnsuchtswilde hatten sich gefunden. Émile Verhaeren und Stefan Zweig. Wie freute sich der junge Österreicher auf die Gespräche mit dem emphatischen Meister.

Das Attentat auf den österreichischen Thronfolger hatte an seinen Reiseplänen nichts geändert. Die Welt der Sicherheit schien sicher für alle Zeiten. Krisen hatte Stefan Zweig so manche erlebt. Diese war wie alle anderen. Sie würde vorübergehen, ohne Spuren zu hinterlassen. Wie das ganze bisherige Leben.

Für den zweiten August war ihr Treffen eigentlich vereinbart, aber dann liefen sie sich doch schon vorher über den Weg, zufällig, als Zweig dem Maler Constant Montald in seinem Studio in Brüssel Modell saß und Verhaeren vorbeikam. Die Begrüßung und Unterhaltung war herzlich wie immer. Ein wenig unheimlich schien dem bärtigen Belgier der überschäumende Enthusiasmus Zweigs zu sein. Aber er ließ ihn sich gefallen. Bald wollten sie sich wiedersehen und intensiv über alles reden, über neue Gedichte, neue Dramen und über die Liebe auch, die neuen Damen. Zweigs Thema.

Vorher aber, schlug Verhaeren angesichts der Begeisterung des jungen Österreichers vor, könne Zweig doch einen Freund von ihm treffen, oben in Ostende. Einen etwas wunderlichen Freund, gab Verhaeren zu. Er lasse sich gern beim Flötenspiel auf den Dächern seiner Heimatstadt fotografieren, er sei auch Maler, außerdem Maskenbauer und Karikaturist, nicht sehr erfolgreich bislang, eigentlich überhaupt nicht. Seine erste Ausstellung habe im Teppichgeschäft eines Freundes stattgefunden. Einmal im Jahr veranstalte er einen Maskenball, bei dem er mit seinen Freunden kostümiert durch die ganze Stadt ziehe. Er nenne ihn ›Den Ball der toten Ratten‹. Jedes Jahr kämen mehr Leute dazu. Der Mann heiße James Ensor. Verhaeren gab Zweig die Adresse und ein Empfehlungsschreiben mit.

Und Zweig ging hin. Zum Geschäft von Ensors Mutter, gleich hinter der Strandpromenade. Sie verkaufte Karnevalsmasken und Muscheln und Seemannsbilder und getrocknete Seesterne. Ein schmales Haus mit großem Schaufenster unten, in dem die sonderbaren Waren an durchsichtigen Fäden hingen. Zweig trat ein. Ja, ihr Sohn sei oben, er solle doch einfach hinaufgehen. Ein dunkler, enger Flur mit roten Teppichläufern, hämisch grinsende Masken an den Wänden des Treppenhauses. An einer winzigen Küche ging er vorbei, rote Emailletöpfe auf dem Herd, ein tropfender Wasserhahn. Im zweiten Stock saß ein Mann mit Schiebermütze am Klavier, spielte leise vor sich hin, schien nichts um sich herum zu bemerken. Über dem Klavier hing ein riesiges Gemälde an der Wand, Hunderte Menschen mit irren Masken drängten sich darauf, strebten zu einem unbekannten Ziel. Die künstlichen Gesichter waren grellbunt, mit langen Nasen und leeren Augen. Ein Totenball, ein Volksfest zum Tode, eine gemeinschaftliche Raserei. Zweig starrte wie gebannt. Das war nicht sein Belgien. Hier wohnte der Tod, hier wurde er gefeiert. Auf dem runden Tisch stand ein großer Strauß aus verstaubten Gräsern in einer Vase. Rechts auf dem Kaminsims eine weitere Vase mit chinesischen Malereien, darauf saß ein Totenkopf, lachend, ohne Zähne, der einen Damenhut trug, auf dem vertrocknete Blumen steckten.

Der Mann am Klavier spielte weiter vor sich hin,

summte dazu. Stefan Zweig stand eine Weile wie gelähmt, dann drehte er sich um und floh die engen roten Stufen hinab, durch den Muschelladen, auf die Straße, in die Sonne, zurück ins Licht. Er wollte weg von hier, schnell wieder sorglos sein, etwas essen, die Fassung wiederfinden.

Er eilte zu seiner Begleiterin. Sie hieß Marcelle und war mit ihm zusammen hergekommen. Eine phantastische Frau. Nichts zum Heiraten, um Himmels willen nein, es war eher eine novellistische Sache. Eine Geschichte, über die man später einmal würde schreiben können. Eine plötzliche, unerwartete Intensität des Lebens, ein Hinabstürzen, Hinaufstürzen. Eine jähe, umwerfende Leidenschaft. Eine Stefan-Zweig-Geschichte. Erlebt, um sie zu beschreiben.

Seine ernste Liebe, Friderike von Winternitz, war zu Hause in Österreich geblieben. Sie stellte keine Ansprüche an ihn, konnte keine stellen, denn sie war verheiratet mit einem anderen Mann. Und so schrieb sie Zweig nach Ostende, dass er sich schön amüsieren solle mit der kleinen Freundin. Und den Sommer genießen. Den herrlichen Sommer 1914, an den Stefan Zweig auch in späteren Jahren immer denken wird, wenn er das Wort »Sommer« ausspricht. Die zwei Frauen, die Sonne, das Meer, die Drachen in der Luft, Badegäste aus aller Welt, der verehrte Dichter, ein sich langsam leerender Strand.

Die deutschen Urlaubsgäste verließen als Erste das Land, dann auch die Engländer. Zweig blieb. Seine Erregung wuchs. Am 28. Juli erklärte Österreich Serbien den Krieg, an der Grenze zu Russland waren die Truppen aufmarschiert. Jetzt musste auch Stefan Zweig langsam einsehen, dass es ernst werden könnte. Er kaufte sich eine Fahrkarte für den Ostende-Express am 30. Juli. Es war der letzte Zug, der Belgien in diesem Sommer in Richtung Deutschland verließ.

Alle Waggons waren überfüllt, die Menschen standen auf den Gängen. Jeder kannte ein anderes Gerücht. Jedes wurde geglaubt, und als sich der Zug der deutschen Grenze näherte und plötzlich auf offener Strecke stehen blieb und Stefan Zweig Lastzüge sah, die ihnen entgegenkamen, alle mit Planen bedeckt, und darunter die Umrisse von Kanonen zu erkennen glaubte, begann er allmählich zu begreifen, wohin dieser Zug fuhr. Er fuhr in den Krieg, der jetzt nicht mehr aufzuhalten war.

*

Stefan Zweig fuhr in einen Taumel hinein. Er schrieb alles auf, sofort, exakt und rasend in sein Tagebuch, das er wieder zu führen begann. Er konnte nicht mehr schlafen, er bebte, er schrieb: »Ich bin ganz zerbrochen, ich kann nichts essen, meine Nerven flimmern.« Er schämte sich vor seinen Freunden, als er auch am dritten August noch nicht einberufen worden war. Selbst Hofmannsthal war schon einberufen. Vor allem schämte er sich vor den Frauen. Er spürte ihre Blicke. Was tust du noch hier, junger Mann, schienen sie zu fragen. Er wusste es selbst nicht.

Er tat Kriegsdienst am heimischen Schreibtisch, beschrieb für die Zeitung seine Heimfahrt in den Krieg und rechtfertigte sich vor sich selbst in seinem Tagebuch, dass nur die allerletzten Zeilen seines Artikels ein wenig gelogen seien. »Nie ist mir Wien liebenswerter erschienen«, schrieb er für die Zeitung, »und ich freue mich, gerade in dieser Stunde den Weg zu ihr gefunden zu haben.« Im Tagebuch dagegen: »Wien war consterniert, als ich am 31. Juli dort eintraf. Die Leute umstanden stundenlang die Einberufungsordre, die in einem erbärmlichen Deutsch abgefaßt, total unverständlich war. Am Abend versuchten einige auf Enthusiasmus zu machen, Kriegervereine, aber es klang schon recht matt.«

Kleine Lügen. Es war Krieg. Die Wahrheit war tot.

Dennoch glaubte Zweig jedes Wort, das er in den deutschen und österreichischen Zeitungen las: Vergiftete Brunnen in Deutschland, wehrlose Deutsche werden an Mauern gestellt und erschossen. Und dann, am vierten August, eine Nachricht, die ihn traf wie ein Blitz. Deutschland ist in Belgien einmarschiert! Ist das Irrsinn oder Genialität? Er konnte nicht glauben, dass das gut gehen würde. Deutschland und Österreich kämpften gegen die ganze Welt. Stefan Zweig wollte am liebsten schlafen, ein halbes Jahr lang, um diesen Untergang nicht mitzuerleben. Er zitterte am ganzen Körper. Nicht um die Freunde in Belgien, nicht um ein kleines, neutrales Land, in das die deutschen Truppen einmarschiert waren, um schneller nach Paris zu gelangen. Nicht um sein Belgien, jenes herrliche Land der Vitalität, Völkermischung, Lebensfreude, Sinnenfreude, das er in seinem Verhaeren-Buch ein Jahr zuvor als Verkörperung des wahren Europa gefeiert hatte, das all den Invasoren der Jahrhunderte heldenhaft widerstanden hatte. »Sie wollten damals nichts als ihr helles, heiteres Leben beibehalten, den freien, dionysischen Genuß, das Imperium der begehrlichen Sinne, wollten ihr Übermaß als Maß sich bewahren. Und das Leben hat mit ihnen gesiegt.« Sein Belgien. Es war ihm längst egal. Zweig zitterte jetzt nur noch um Deutschland. Und um Österreich.

Er raste durch die Straßen Wiens auf der Suche nach neuen Nachrichten, neuen Gerüchten, neuen Siegesmeldungen der deutschen Armee. Hieß es plötzlich, am Kriegsministerium werde in wenigen Minuten ein großer Sieg verkündet, eilte er mit Tausenden Wienern hinüber. Sie schwirrten um die erleuchteten Fenster wie Insekten in der Nacht. Und wieder kein Sieg. Wieder eine Nacht ohne Schlaf.

Stefan Zweig wollte hinaus, ins Feld. Er ließ sich einen Bart stehen, um entschlossen zu wirken, wild und bereit zum Kampf. Am Tag des deutschen Einmarsches in Belgien machte er sein Testament. Er nahm eine große Summe Geld aus dem Safe seiner Bank. Er schrieb in sein Tagebuch: »Die deutschen Siege sind herrlich!« Er fieberte. Er jubelte. Er schrieb: »Endlich freie Luft!« Und wie sehr er Berlin seinen Jubel neidete.

Auch viele Jahre später, als er längst weltbekannter Pazifist, weltbekannter Schriftsteller geworden ist und weitere Weltuntergänge erlebt hat, schreibt er in sein Erinnerungsbuch *Die Welt von Gestern,* dass er trotz aller Abscheu, trotz allem Hass gegen den Krieg diese Tage im August niemals missen möchte. Alles ist in diesen Tagen zerbrochen. Für immer und unwiederbringlich zerbrochen. Doch es war ein großer Moment. »Wie nie fühlten die Tausende und Hunderttausende Menschen, was sie besser im Frieden hätten fühlen sollen: daß sie zusammengehörten.«

Zweig schrieb Verehrungsbriefe an Ida Dehmel, die Ehefrau Richard Dehmels, des eifrigsten Kriegsfreiwilligen unter den deutschen Dichtern, der sich schon in den ersten Kriegstagen nicht nur im Felde, sondern auch am Schreibtisch mit besonders feurigen, nationalistischen Kriegsgedichten hervorgetan hatte. »Wäre Vernichtung des Staates auch das Ende dieser ewigen herrlichen Anspannung unseres Volkes«, schrieb Zweig an Frau Dehmel, »diese Gedichte allein müßten uns dankbar sein lassen für Gefahr und alle innere Not.«

Was für ein Unglück nur, dass die andere Seite zurückdichtete. Es war der neunte November, an dem Zweig in seinem Tagebuch »eine kleine Katastrophe meiner Existenz« notierte. Denn sein Lehrer, Vater, Vorbild, sein großer belgischer Freund Verhaeren hatte auch gedichtet. Deutsche und österreichische Zeitungen druckten seine Verse zur Abschreckung ab. Es waren wohl die ersten auf Deutsch erschienenen Gedichte des Belgiers, die nicht Stefan Zweig übersetzt hatte. Zweig hatte früh von Verhaerens Plänen erfahren, über den Krieg zu schreiben. Und hatte ihn über den gemeinsamen Freund Romain Rolland beschworen, »nur Tatsachen dem Vers und damit Dauer zu geben, um deren Sicherheit er bezeugt weiß«. Doch Verhaeren machte jedes Schauergerücht über germanische Gräueltaten zu einer lyrischen Wahrheit. Vergewaltigte Jungfrauen, abgeschnittene Frauenbrüste, abgetrennte

Kinderfüße in den Taschen der deutschen Soldaten. Alles im poetischen Ton des bildertrunkenen Lebensdichters, den Zweig so verehrte.

Wessen war Zeuge in Flandern, o welch traurige
  Sonne,
Von Weibern in Flammen und Städten in Asche,
Von langem Entsetzen und jähem Verbrechen,
Nach denen der germanische Sadismus hungerte und
  dürstete.

Stefan Zweig war fassungslos, an wen er da all seine Liebe, all seine Verehrung verschenkt hatte. Diese Zeilen stammten von demselben Mann, der für ihn das Beste Europas repräsentiert hatte, der ihn gelehrt hatte, »daß nur ein vollkommener Mensch ein guter Dichter sein kann«. Und Zweig fragte sich verzweifelt, ob vielleicht alles falsch gewesen war – das Fundament seines Lebens, Übersetzens und Dichtens.

Am schlimmsten an diesem Belgien-Gedicht war der Vorwurf der Barbarei. Die Behauptung, dass bei diesem deutschen Krieg nicht alles mit ehrenhaften, zivilisierten Mitteln vor sich ging. Der Krieg, so wie Stefan Zweig ihn sich vorstellte, war Heldentum und Opfermut für eine gute, notwendige Sache. Und auch die Feinde sollten gutes Benehmen zeigen. »So wäre mein höchstes Glück als Officier gegen einen civilisierten Feind reiten zu dürfen«, schrieb er, der Sohn eines Textilfabrikanten aus Wien, an seinen Verleger Kippenberg nach Deutschland. Zweig hatte sehr romantische Vorstellungen vom Krieg. Ein Herrenreiter mit feinen Manieren und Säbel im Sattel gegen zivilisierte Feinde, zum Beispiel gegen die Franzosen.

Er neidete den Deutschen in diesen Monaten nicht nur deren Siege, vor allem neidete er ihnen deren Feinde. Zweig wollte nicht gegen Russland kämpfen, nicht gegen Barbaren, Slawen, Zivilisationsfeinde. In dem Brief an seinen deutschen Verleger machte er außerdem deutlich, *für* wen er nicht unbedingt kämpfen mochte: jene Außenposten der Donaumonarchie, die in den ersten Kriegsmonaten die bedrohtesten waren. Die Gebiete nahe der russischen Grenze, in denen die Menschen polnisch, russisch oder jiddisch sprachen. Die unbekannten, fernen, etwas unheimlichen Ostgebiete. Zweig schrieb an Kippenberg: »Dies mag Ihnen erklären, warum von den Intellectuellen Österreichs kein einziger bisher sich freiwillig an die Front gemeldet hat, diejenigen, die durch ihre Stellung hingehörten, sich sogar zurücktransferieren ließen – auch fehlt uns jener Zusammenhang, den Sie wohl verstehen. Brody ist mir nicht so viel wie Insterburg, hier blieb ich kühl, dort zitterte ich es verwüstet zu wissen! Es gibt doch nur einen letzten, höchsten Zusammenhang, nur die Sprache ist Heimat im höchsten Sinne!«

Ja, Brody war Stefan Zweig egal. Er kannte diesen Ort nicht einmal. Kaum einer im Wien jener Jahre kannte Brody, die kleine Stadt in Galizien am Rande der Donaumonarchie. Wenn man es kannte, dann als Synonym für Armut, als Heimat armer orthodoxer Ostjuden, der peinlichen Verwandtschaft der assimilierten Westjuden in Wien. Brody war fern. Für Brody wollte keiner in Wien kämpfen, schon gar kein Intellektueller, schon gar nicht Stefan Zweig.

Nicht einmal zwanzigtausend Menschen lebten damals in der kleinen Grenzstadt, die gleich am Anfang des Kriegs im Zentrum erster Schlachten stand. Drei Viertel der Bevölkerung waren Juden. Brody war viele Jahre eine wohlhabende Handelsstadt gewesen, Treffpunkt der Händler aus Russland, Polen, Österreich, doch seit die Eisenbahnlinie Odessa–Lemberg 1879 eröffnet wurde und die Bahn nicht mehr in Brody hielt, war die Stadt ein vergessener, von der Welt abgeschiedener Ort.

Ein junger Dichter wird sich später an diese Stadt so erinnern: »Bei uns zu Hause herrschte Frieden. Nur die engsten Nachbarn hielten Feindschaft. Die Besoffenen versöhnten sich wieder. Konkurrenten taten einander nichts Böses an. Sie rächten sich an den Kunden und Käufern. Jeder lieh jedem Geld. Alle waren einander Geld schuldig. Einer hatte dem anderen nichts vorzuwerfen.

Politische Parteien wurden nicht geduldet. Die Menschen verschiedener Nationalität unterschied man nicht, weil jeder in allen Sprachen redete. Man erkannte nur die Juden an ihrer Tracht und ihrer Überlegenheit. Manchmal machte man kleine Pogrome. Im Wirbel der Ereignisse waren sie bald vergessen. Die toten Juden waren begraben, die Beraubten leugneten, Schaden erlitten zu haben.«

Dieser Dichter war ein ehrgeiziger, talentierter Jude mit kurzen, dunklen Haaren, etwas abstehenden Ohren, sehr blauen Augen und einem skeptischen Blick. Und er tat alles dafür, um Brody so schnell wie möglich verlassen zu können.

Er war ein sehr guter Schüler, seine Aussagen bekräftigte er gerne mit einem entschlossenen »das ist faktisch«, was ihm, der sich selbst Muniu nannte, früh den freundlichen Spottnamen Muniu Faktisch eingetragen hatte. Aufgewachsen war er mit seiner Mutter Maria im Haushalt des Großvaters Jechiel Grübel im Haus des reichen Uniformschneiders Kalman Ballon in der Goldgasse. Seinen Vater hatte er nie kennengelernt. Er war auf Geschäftsreise gegangen, so erzählte man ihm, noch vor der Geburt des Sohnes, und nicht zurückgekommen. Es hieß, er sei verrückt geworden. Oder der Alkohol habe ihn verwirrt und getötet.

Munius wirklicher Name war Joseph Roth. Er schaffte es im Jahr 1913 auf die Universität der galizischen Hauptstadt Lemberg und schon ein halbes Jahr später nach Wien. Er war verzaubert und eingeschüchtert von der Größe und dem Glanz der österreichischen Hauptstadt. Einer seiner ersten Wege führte ihn zu der Wohnung eines bewunderten Dichters, um ihm zu danken für seine Bücher, um ihm seine Verehrung auszudrücken, ihn einmal kurz zu sehen oder wenigstens zu sehen, wo er wohnte. So stand Joseph Roth im Jahr 1913 vor der Wohnung Stefan Zweigs. Und hatte nicht den Mut zu läuten. Er wartete eine Weile vor der verschlossenen Tür und ging dann, ohne den Verehrten gesehen zu haben, nach Hause.

*

Im Sommer 1914 war Joseph Roth auf Heimaturlaub in Galizien, in Brody und in Lemberg. Als ihn die Nachricht des Attentats auf den österreichischen Thronfolger erreichte, saß er gerade mit seinem Freund Soma Morgenstern zusammen. Sie sprachen über ihr Studium, sie sprachen über Wien. Sie ahnten, dass der Krieg kommen würde, und Krieg, das hieß für sie: Krieg gegen Russland. Und: Sieg über Russland. Sie gönnten Russland die Niederlage sehr. Sie waren noch Kinder gewesen, als Russland 1905 den Krieg gegen Japan verloren hatte. Schon damals hatten sie große Freude empfunden. Es würde wieder so kommen, dessen waren sie gewiss. Mit ihnen persönlich aber hatte das alles nur wenig zu tun.

Sie machten Witze über den drohenden Krieg, sie gingen

in ein jüdisches Gasthaus, das beste von Lemberg, wie Joseph Roth meinte, *Zehngut* hieß es. Roth, der Vaterlose, wollte alles über Soma Morgensterns Vater wissen. Wie sehr er ihn liebte, wie sehr er ein Jurastudium seines Sohnes wünschte und so weiter. Ein sehr alter Mann betrat das Lokal, ein Stammgast mit spitzem Bart. Roth betrachtete ihn fasziniert. Wie er sich selbst als Greis sehe, wollte er von Morgenstern wissen. Der hatte darüber noch nicht nachgedacht. Die Männer seiner Familie wurden ohnehin nicht alt. Doch Roth hatte oft und viel darüber nachgedacht. Er würde sehr alt werden, da war er sich sicher. Er erklärte dem verwunderten Freund: »Und immer sehe ich mich so: Ich bin ein alter, magerer Greis. Ich habe ein langes schwarzes Gewand an mit langen Ärmeln, die meine Hände fast ganz bedecken. Es ist Herbst, und ich gehe in einem Garten spazieren und denke mir listige Intrigen aus gegen meine Feinde. Gegen meine Feinde und auch gegen meine Freunde.« Es war das erste Mal, dass er Soma davon erzählte. Er wird diese Geschichte in seinem Leben immer wieder erzählen. Er als Greis, mit langen Ärmeln und bösen Intrigen.

Nach Kriegsausbruch trafen sich Morgenstern und Roth wieder, dieses Mal in Wien. In der *Neuen Freien Presse* stand die Schlagzeile »Lemberg noch in unserem Besitz!«. Das wurde ihre Grußformel für die nächsten Jahre: »Lemberg noch in unsrem Besitz.« Es wird ihr Gruß bleiben, auch als es für Österreich längst schon verloren ist. Genau wie Brody. Genau wie das ganze große Kaiserreich. Die Welt von gestern.

*

Zur selben Zeit saß Stefan Zweig im Kreise seiner Freunde am Meer und lachte so lange über die Welt, bis er am Abgrund stand und in höchster Not den letzten Zug in die Heimat nahm. Wilde Abreise, hinab ins Flachland, sehr plötzlich und unerwartet für einen, der es wie Hans Castorp versäumt hatte, die Zeitungen zu lesen oder, als er sie endlich las, ernst zu nehmen.

Noch viele Jahre später sehnt Zweig sich zurück, nach diesem Sommer seines Lebens. »Als jeder aufgerufen war, sein winziges Ich in diese glühende Masse zu schleudern, um sich dort von aller Eigensucht zu läutern. Alle Unterschiede der Stände, der Sprachen, der Klassen, der Religionen waren überflutet für diesen einen Augenblick von dem strömenden Gefühl der Brüderlichkeit. Fremde sprachen sich an auf der Straße, Menschen, die sich jahrelang auswichen, schüttelten einander die Hände, überall sah man belebte Gesichter. Jeder einzelne erlebte eine Steigerung seines Ichs, er war nicht mehr der isolierte Mensch von früher, er war eingetan in eine Masse, er war Volk, und seine Person, seine sonst unbeachtete Person hatte einen Sinn bekommen.«

Es ist wieder Juli. Ein neuer Sommer in Ostende. Die Laternen stehen noch, an die Stefan Zweig sich hängen lassen wollte. Und auch das Meer ist dasselbe, der lange, weite Strand, die große, etwas zu breite Promenade, das geschwungene Casino mit der großen Terrasse, die Bistros, die kleinen Marmortische davor, die Badehäuschen aus Holz im Sand. Die Zeitungen liegen auf den Bistrotischen, aber kein Zeitungsjunge ruft bedrohliche Neuigkeiten aus, über die sich österreichische Touristen lustig machen könnten. Die Stimmung am Strand ist ausgelassen, die Saison hat gerade erst begonnen, es ist heiß, die ganze belgische Jugend scheint sich in diesem Sommer in der »Königin der Strandbäder«, wie die Prospekte sie preisen, versammelt zu haben. Hier, an der weißen Zuckerbäckerpromenade an der Nordsee, im Juli 1936 in Ostende.

Stefan Zweig erinnert sich – an eine letzte Sorglosigkeit, Erinnerung an eine Welt, von der er glaubte, dass sie für immer so weiter existieren würde, eine Welt der Stabilität, der Ewigkeit. Und an einen Mann mit Schiebermütze in einem Totenreich der aufziehenden Massen, einem Totenreich der Masken.

Aber Ostende ist auch die Erinnerung an plötzliche Energie und Intensität und Kraft, an einen katapulthaften Neubeginn, ein Herausreißen aus der Trägheit des Wohlgefühls, an die völlig unerwartete Möglichkeit einer neuen Welt, die Möglichkeit eines nie erwarteten Gemeinschaftsgefühls. Auch wenn damals die große Zerstörung begann, die bis in diesen Sommer hinein fortwirkt, so ist mit diesem Ort doch für immer die Hoffnung auf eine unerwartete Wende des Weltenlaufs verbunden. Was für ein begeisterungsbereiter, junger, sehnsuchtsvoller Mensch war Stefan Zweig damals, 1914, gewesen!

Zweiundzwanzig Jahre sind vergangen seit jenem Sommer. Er ist in diesen Jahren zu einem Weltstar der Literatur geworden. Sein Name ist im Ausland so bekannt wie der von Thomas Mann, von kaum einem deutschsprachigen Schriftsteller werden in der Welt mehr Bücher verkauft als von ihm. Seine Novellen, seine historischen Biographien und *Sternstunden der Menschheit* sind Weltbestseller. Er ist ein Glückskind des Lebens, besitzt ein gelbes Schlösschen in Salzburg auf dem Kapuzinerberg im Wald über der Stadt, korrespondiert mit den Geistesgrößen des Kontinents, hat Friderike von Winternitz, die Geliebte von damals, längst geheiratet. Und ist jetzt, in diesem neuen Sommer, ein um Haltung ringender Mann.

Zweig hat sich kaum um Politik gekümmert, kaum um Religion, nicht in der Gegenwart, nicht in der Welt, in der er lebte. In der Geschichte – ja! Bei Maria Stuart, Marie Antoinette, Joseph Fouché, da kannte er jedes historische, jedes politische Detail, da kannte er die Mechanismen der Macht und der Weltgeschichte, die er in seinen Büchern stets als Geschichte der Menschen, als Geschichte einiger mächtiger Menschen erzählte. Oder, selten, als Geschichte ohnmächtiger Menschen, die in einer fulminanten Welt-sekunde dazu ausersehen waren, den Lauf der Geschichte zu verändern. Mit ihm und mit seiner Welt hatte das alles nichts zu tun.

Erst in den letzten Jahren hat er begonnen, in den histo-rischen Figuren auch sich selbst, in den historischen Ereig-nissen auch die Gegenwart zu zeichnen.

Vor zwei Jahren ist ein Buch von ihm über den Huma-nisten Erasmus von Rotterdam erschienen und gerade erst seine Monographie *Castellio gegen Calvin,* die den Unter-titel ›Ein Gewissen gegen die Gewalt‹ trägt. Erasmus und Castellio, das sind die Helden, in denen er auch sich selbst beschreibt, die Ideale, nach denen er strebt: Gewissen ge-gen Gewalt. Humanismus, Internationalität, Toleranz und Vernunft. In Leben und Lehre des Erasmus von Rotterdam erkennt Zweig die Kunst, Konflikte abzuschwächen durch »gütiges Begreifen« und »den Willen zur Verständigung schlechthin«. In Calvins Gegenspieler Castellio sieht er den großen Anti-Ideologen, der Terror und Intoleranz verachtete und mit Worten so lange bekämpfte, bis er, er-schöpft vom langen Kampf, sieglos stirbt. Dass Zweig mit seinen Plädoyers für Toleranz und Verständigung in letzter Zeit vor allem in den Kreisen der Emigranten Intoleranz und Unverständnis erntet, kann er kaum begreifen.

Aber es sind die Jahre der Entscheidungen und der Entschiedenheit. Stefan Zweig schreibt noch aus einer Welt und über eine Welt, die es nicht mehr gibt. Sein Ideal ist nutzlos, unrealistisch, lächerlich und gefährlich. Seine Analogien taugen nicht mehr für eine Gegenwart, in der der Gegner übermächtig ist. Was hilft Toleranz in einer Welt, in der man selbst und alles, wofür man lebt und schreibt, zermalmt zu werden droht.

»Kämpfen Sie oder schweigen Sie«, schrieb ihm Joseph Roth. Zweig will nicht kämpfen. Er will sich still verhalten in den ersten Jahren nach der Machtübernahme durch die Nationalsozialisten in Deutschland. Auch nachdem seine Bücher auf dem Opernplatz in Berlin verbrannt worden sind. Still – um weiter in Ruhe arbeiten, in Ruhe leben zu können. Und um so vielleicht doch zu erreichen, dass seine Bücher in Deutschland weiter verkauft werden und er somit auch künftig auf die Menschen dort, auf seine Leser einwirken kann. Einige Zeit lang zeigte das sogar Wirkung. In den ersten Jahren der nationalsozialistischen Herrschaft in Deutschland waren Zweigs Bücher in Deutschland noch erhältlich.

Im Sommer 1936 ist damit endgültig Schluss. Sein deutscher Verleger Anton Kippenberg darf seine Bücher nicht mehr verlegen, doch Zweig wechselt auch jetzt noch nicht zu einem der deutschsprachigen Exilverlage wie Querido oder Allert de Lange, die in Amsterdam ihren Sitz haben. Er geht zum kleinen österreichischen Verlag Herbert Reichners, der, obwohl Jude, seine Bücher noch im Nazideutschland ausliefern lassen kann und deshalb von vielen

Emigranten, darunter Roth, als »Schutzjude Hitlers« beschimpft wird, der bereit sei, jeden Kompromiss einzugehen, um nur weiterhin mit Deutschland Geschäfte machen zu können. Für Zweig ist Reichner noch ein Stück Österreich, eine Verbindung zur alten Heimat. Er selbst ist kaum noch dort. Seit im Februar 1934 sein Haus auf dem Kapuzinerberg von Polizisten nach Waffen des Republikanischen Schutzbundes durchsucht worden ist, ist es für ihn verloren. Dieses Erlebnis war nicht nur eine Beleidigung seines Werkes, seines Wirkens, das seit vielen Jahren der Gewaltlosigkeit galt, es war auch ein staatliches Eindringen in seine Welt, in den geschützten Raum seines Schaffens.

Jetzt ist ihm das Haus nur noch eine Last, eine Erinnerung, ein Museum seines früheren Lebens. Schon als er noch darin lebte, war es ein wenig museal gewesen. Zweig war ein Sammler von Antiquitäten, von alten Schriften vor allem, Manuskripten, Notenblättern. Er besaß Manuskripte von Balzac und Maupassant, von Nietzsche, Tolstoi, Dostojewski, Goethe, Gustav Mahler, Mozart und von beinahe allen bedeutenden zeitgenössischen Schriftstellern. Sie alle hatte er um ein Blatt, eine Geschichte aus ihrer Hand gebeten, er besaß die Handschrift von Heinrich Manns *Weg zum Hades,* von Hermann Hesse die Novelle *Heumond,* von Arthur Schnitzler den *Ruf des Lebens,* Gedichte von Oscar Wilde und Walt Whitman, von Richard Dehmel, Paul Claudel und Hugo von Hofmannsthal, Dramen von Wedekind und Hauptmann, von Rainer Maria Rilke *Die Weise von Liebe und Tod des Cornets Christoph Rilke,* die so beginnt:

Reiten, reiten, reiten, durch den Tag, durch die
  Nacht, durch den Tag.
Reiten, reiten, reiten.
Und der Mut ist so müde geworden und die Sehnsucht
  so groß. Es gibt keine Berge mehr, kaum einen
  Baum. Nichts wagt aufzustehen. Fremde Hütten
  hocken durstig an versumpften Brunnen. Nirgends
  ein Turm. Und immer das gleiche Bild. Man hat
  zwei Augen zuviel.

Was Stefan Zweig wichtig ist in der Welt des Geistes, der Welt der Literatur und der Musik, das besaß er in der Handschrift derjenigen, die sie geschaffen haben. Es sind Reliquien der Welt, der er sich zugehörig fühlt, in der er lebt, die er fortschreibt. Er ist ein großer Bewunderer, ein selbstloser Anbeter der Kunst anderer. Die Kunst, die europäische Kultur ist ihm Religion.

Sein Altar ist der Schreibtisch Ludwig van Beethovens, an dem er gern sitzt und den er mit nach London genommen hat, wo ihm Friderike Anfang des Jahres eine neue Wohnung eingerichtet hatte. Ja, den Schreibtisch hat er behalten, ein Blatt aus Goethes *Faust* und dessen Veilchen-Gedicht als Lied mit den Noten in Mozarts Handschrift. Es ist das grausame, leidensfrohe Gegengedicht zum romantischen Heideröslein und endet so:

Ach, aber ach! Das Mädchen kam
Und nicht in acht das Veilchen nahm,
Es trat's das arme Veilchen.
Es sank und starb und freut sich noch:

Und sterb' ich denn, so sterb ich doch
Durch sie, durch sie,
Zu ihren Füßen doch!«

Vom Rest der Sammlung hat er sich getrennt, sie verkauft, an den Autographenhändler Martin Bodmer in Zürich.

1925 hatte Stefan Zweig eine Novelle geschrieben, über einen blinden alten Mann, der einst eine der erstaunlichsten Sammlungen von Stichen und Zeichnungen der ganzen Welt besessen hat und der nun, blind und verarmt, im Kreise seiner Familie im Deutschland der Inflationszeit stolz über seinen Blättern sitzt, seiner Sammlung, seinem ganzen Besitz, und sie sich jeden Tag Blatt für Blatt vorlegen lässt. Doch seine unglückliche Familie hat die Sammlung längst verkauft, aus reiner Not. Der alte Mann weiß davon nichts. Ein Kunsthändler kommt zu Besuch, aus Berlin, die Familie fleht ihn an, sie nicht zu verraten. Und so zeigt der blinde Sammler dem fremden Mann seinen ganzen Stolz. Die Blätter sind alle leer, die Familie hatte für jedes verkaufte Stück ein Ersatzpapier eingelegt. Der Blinde weiß von alldem nichts, sein Stolz, seine Sicherheit, all dies zu besitzen, sind gleich geblieben, all die Jahre hindurch. »Und so ging dieser rauschende, redende Triumph weiter, zwei ganze geschlagene Stunden lang. Nein, ich kann es Ihnen nicht schildern, wie gespenstisch das war, mit ihm diese hundert oder zweihundert leeren Papierfetzen anzusehen, die aber in der Erinnerung dieses tragisch Ahnungslosen so unerhört wirklich waren, daß er ohne Irrtum in fehlloser Aufeinanderfolge jedes einzelne mit den präzisesten Details rühmte und beschrieb: die unsichtbare

Sammlung, die längst in alle Winde zerstreut sein mußte, sie war für diesen Blinden, für diesen rührend betrogenen Menschen noch unverstellt da und die Leidenschaft seiner Vision so überwältigend, daß beinahe auch ich schon an sie zu glauben begann.«

Jetzt ist es Zweigs Sammlung, die in alle Winde zerstreut wird. Er weiß, dass Wanderjahre kommen werden, dass auch die neue Wohnung in London nicht zur neuen Heimat werden wird. Er will frei sein, ein wenig, in dieser gefesselten Welt.

*

1936 ist ein Jahr des Abschiednehmens, ein Jahr der Entscheidungen für Stefan Zweig. Der deutsche Verlag verlegt ihn nicht mehr, der deutsche Markt ist verloren, auch Österreich, seine Sammlung, sein prachtvolles Haus – all das ist ihm nur noch eine lästige Last. Es ist nicht leicht, all das von sich zu werfen, was man in den Jahren zuvor aufgebaut hat. Ein ganzes Leben. Wird noch einmal ein neues beginnen? Alles Alte fesselt ihn. Und vor allem anderen: seine Frau Friderike, die ihm damals, 1914, als sie noch in erster Ehe verheiratet war, nach Ostende »viel Vergnügen mit Marcelle« nachgerufen und die er 1920 geheiratet hatte.

Stefan Zweig will diese Ehe nicht mehr. Die Liebe ist vorbei.

Es ist zwei Jahre her, seit Friderike ihn in Nizza mit seiner Sekretärin Lotte Altmann überrascht hat. Eine peinliche Situation für alle Beteiligten, aber Friderike war bereit, den Schleier des Schweigens über diese Szene zu breiten. Sie kannte ihren Mann, sie kannte seine Bücher, seine Novellen der Leidenschaft. Sie wusste, womit sie zu rechnen hatte, das gehörte zu seinem Leben. Und jetzt hatte sie ihn eben zum ersten Mal dabei erwischt. Friderike Zweig hielt Lotte Altmann ohnehin für keine wirkliche Konkurrentin.

Später hat Friderike gerne allen, die es wissen wollten, und den anderen auch, erzählt, dass sie es war, die Lotte Altmann für ihren Mann als Sekretärin ausgewählt hatte. Eifrig, leise, blass, kränklich, unauffällig, sprachbegabt. Das waren die Eigenschaften, die ihr aufgefallen waren und die Lotte in Friderikes Augen zur idealen Schreibhilfskraft machten, für die Zeit, die Stefan Zweig in England verbrachte.

Lotte Altmann, die 1908 in Kattowitz in Oberschlesien geboren wurde, hatte an der Universität in Frankfurt Französisch, Englisch und Volkswirtschaft studiert. Als Jüdin war sie bereits im Sommer 1933 zwangsexmatrikuliert worden. Ihr Bruder war Arzt und durfte schon seit Mai 1933 nicht mehr praktizieren. Er und die ganze Familie hatten bald beschlossen, das als eine Art Glück zu betrachten. Denn so waren sie früh gezwungen, Deutschland zu verlassen, noch bevor sich der große Flüchtlingszug in Bewegung setzte. Der Bruder eröffnete eine Praxis in London, mit nicht geringem Erfolg, mit der Zeit kamen immer mehr deutsche Emigranten als Patienten zu ihm. Lotte Altmann besuchte Sprachkurse mit dem Wunsch, eines Tages als Bibliothekarin zu arbeiten, als ihr im Frühjahr 1934 die Stelle bei Stefan Zweig angeboten wurde. Ein Traum für sie, die niemals daran gedacht hatte, mit diesem weltberühmten Mann zusammenarbeiten zu dürfen und ihm in vielen Situationen sogar hilfreich zu sein. Sie war 26 Jahre alt, als sie ihn kennenlernte, unsicher, ohne Beruf, ohne Mann, ohne Heimat. Ein Traum auch für ihn, der in der fremden Stadt und in der englischen Sprache noch sehr unsicher, mehr denn je auf Unterstützung angewiesen war. Er war 53 und weltberühmt. Ja, berühmt, aber auch scheu und in neuen Lebenssituationen und unter vielen Menschen seltsam ungelenk, nie wirklich selbstsicher. Stefan Zweig war ein suchender Mensch, immer auch auf der Suche nach dem ruhenden Pol in sich selbst, nach Selbstgewissheit. Ein Mensch, der stets andere bewunderte, für ihren stabilen Standpunkt in der Welt. Er hingegen musste immer wieder alle Kraft zusammennehmen, um fest und sicher auf dem Boden zu stehen und nicht ständig sich selbst zu beobachten, ob man da, wo man gerade ist, auch gut und gerade und respektabel und richtig und stabil steht. Wie fatal war für einen Mann wie ihn das drohende Exil. Es halfen ihm kein Reichtum und kein Ruhm. Er war so sehr auf seine Heimat angewiesen, auf die Sicherheit, die ihm die Heimat bot, und auf die Freunde. Außerdem machte ihm das Alter zu schaffen. Einer der dunkelsten Tage seines Lebens war sein fünfzigster Geburtstag gewesen. Er ertrug das Älterwerden kaum. Und dann kam diese blasse, schöne, junge, zurückhaltende, intelligente Frau in sein Leben, die ihn still verehrte, sein Schreiben bewunderte und seine scheue Art liebte. Ebenjene Scheu, die Friderike bestenfalls ertragen hatte, die sie als eine etwas lächerliche, etwas peinliche Künstlerlaune betrachtete, auch nach all den Ehejahren. Irgendwann werde sich das schon geben, hatte sie wohl gedacht, irgendwann werden ihm sein Ruhm und seine Routine in Gesellschaftsdingen das austreiben. Aber es war nicht besser geworden, im Gegenteil, je älter er wurde, umso größer wurde seine Unsicherheit, umso schärfer seine Selbstbeobachtung, sein Schwanken, seine Angst vor irgendeinem Wind, vor allem Unvertrauten.

Lotte war ihm vertraut von Anfang an. Ohne Worte. Ihre Stille, ihre kindliche Freude an Kleinigkeiten, ihre Achtsamkeit, wenn sie ihn ansah und ihn Dinge fragte, die ihn seit Jahren niemand mehr gefragt hatte, nach seiner Arbeit, seinen Büchern, die Friderike und die Töchter längst als zu ihm gehörende Selbstverständlichkeiten betrachteten. Dabei hätte er ihr ja gar nicht von seinen literarischen Vorhaben berichten müssen. Sie sollte eigentlich nur seine Briefe schreiben, dafür sorgen, dass immer genügend Briefmarken da waren, dass Rechnungen bezahlt, Termine eingehalten wurden. Aber sie wollte eben alles wissen, nicht fordernd, aber mit diesem Blick, der ihn immer weiter und weiter erzählen ließ. Es hatte eine Bedeutung, was er schrieb. Ihr war es nicht Routine, nicht berufliche Pflicht. Durch ihre Augen sah er endlich wieder, warum er schrieb, wofür diese ganze Plackerei, das Feilschen um jedes Komma, seine Entwürfe einer Welt. So wie Roth es ihm einmal geschrieben hatte, in seinem herrlichen Übertreibungswahn: dass es scheißegal sei, ob in Russland Millionen von Menschen das Alphabet lernten, wichtig sei allein, dass ein Stefan Zweig schreibe. Nur das, nur das. Es war eben nicht umsonst, nicht einfach irgendeine Pflichterfüllung, die, wenn wieder ein Buch vollendet war, von Kritikern literarisch, politisch, moralisch in der Luft zerrissen wurde. Es war wichtig, es war die Erfindung einer anderen Welt. Das war es, was ihm Roth immer wieder schrieb. Und das war es, was ihm Lotte Altmann sagte, ohne dass sie es musste. Es war in ihr. Und Stefan Zweig liebte sie dafür, mit einer stillen, zurückhaltenden, scheuen Liebe. »Eine junge Frau ist mir gut«, hatte er an Roth geschrieben. Und wenn er von ihr getrennt war, etwas altmodisch, unsicher an sie: »Ich wünschte, daß ich Ihnen ein wenig fehlte.« Und dass er sich Sorgen mache um sie, da sie sich so wenig um ihr eigenes Glück zu scheren scheine. Er, wollte er ihr immer wieder aufs Neue versichern, schere sich sehr wohl um ihr Glück und sie könne das nicht wissen, aber er sei treu, ein treuer Mensch, wenn er einmal echte Freundschaft erfahren habe. Er vergesse nie. Er sei da anders als andere Menschen, werde sie und alles, was sie ihm gebe, niemals vergessen. Darauf könne sie sich, darauf müsse sie sich verlassen, für immer.

Als er nach Schottland reiste, um für seine Biographie Maria Stuarts zu recherchieren, nahm er sie mit. Als Sekretärin, die aufschrieb, was er diktierte, vor allem aber als Beobachterin, als Gesprächspartnerin, als eine junge, begeisterte Frau, die so gern alles wissen wollte, über das Leben der Maria Stuart, wie es wirklich war, wie man es in der Gegenwart sehen konnte, wie Stefan Zweig es sah, wie sie es mit seinen Augen sah.

Friderike Zweig ahnte lange Zeit von alldem nichts. Zu

genau glaubte sie, ihren Ehemann zu kennen, zu tief verachtete sie die blasse Lotte. Zu sehr glaubte sie, dass ihr bisheriges Leben als Frau Zweig für alle Zeiten so weitergehen würde. Deswegen sah sie über diese Liebelei hinweg. Aber ihr Mann nicht. Nicht dass er das ausgesprochen hätte, das musste sie sich aus Andeutungen und Erzählungen von Freunden zusammenreimen.

Und mit der Zeit musste sie feststellen, dass etwas zerbrochen war, was sich nicht wieder zusammenfügen ließ. Dass er sich mit seiner Entfernung von Österreich und dem gelben Haus auch immer weiter von ihr entfernte.

Friderike hängt an dem Salzburger Haus, an seiner Größe, seiner Pracht, sie repräsentiert gern. Und sie versteht auch das Entsetzen ihres Mannes über die Hausdurchsuchung nicht. Zumindest teilt sie sein Entsetzen nicht. Sie kann noch gut dort leben. Sie, zusammen mit ihren beiden erwachsenen Töchtern.

Das fehlt Zweig gerade noch. Wenn er nur von den beiden Töchtern hört, gerät er in Wut: unselbstständig, unverheiratet, anspruchsvoll, eitel, unnütz – die lästigsten Fesseln seines Lebens. So klingt das mittlerweile in seinen Briefen. Doch ihre Mutter ist ihm noch viel lästiger.

Als sie das letzte Mal in London war, verkehrten sie nur schriftlich miteinander. Er schrieb ihr die Stunden vor, in denen sie auf keinen Fall in der Wohnung sein durfte. Er brauche Ruhe. Sie hielt sich nicht dran. Er wurde rasend. Sie war beharrlich. Er war ein Ausweichkönig, hasste Konflikte, vor allem einen wie diesen, bei dem es um alles ging. »Du hast kein Herz in der Brust«, schrieb sie ihm, als sie nach heftigem Streit London in Richtung Salzburg verließ.

Dass Zweig inzwischen mit Lotte Altmann fest liiert ist, kann Friderike nur ahnen. Noch vor ihrer Abreise im Mai kam sie zufällig in ein Restaurant, in dem er mit Lotte saß. »Eine peinliche Begegnung« nannte sie es in einem Brief an ihren Mann. Sie nennt Lotte Altmann in den Briefen an Stefan Zweig immer nur »A« oder mit ironischen Anführungsstrichen »Deine Vertraute«. Gegenüber Freunden spricht sie von der »Viper«.

*

Stefan Zweig flieht durch die Welt. Streift Fessel um Fessel ab, möglichst ohne jemandem wehzutun. Eine Illusion. So ziehen sich die Fesseln nur fester zu.

Auch das neue Buch ist keine Freude. Ausgerechnet in der freien Schweiz formiert sich der Protest. Im Mai waren Reformationsfeiern in Genf und anderen Schweizer Städten. Calvin wurde als Nationalheiliger verehrt. Und gerade ihn machte Zweig in seinem Buch zu einem Vorgänger Hitlers. Sein Freund, der Kommunist Romain Rolland, gratulierte Zweig euphorisch aus Villeneuve in der Schweiz: »Ihr Buch kommt gerade recht zur Vierhundertjahrfeier der Reformation. Ich rate Ihnen nicht, sich eines Tages hier niederzulassen. Vorsicht vor dem ›Zorn‹ der ›Momiers‹! Wenn die französische Ausgabe erscheint, werden Sie in Stücke gerissen. Nie wird man Ihnen die Angriffe auf Calvin verzeihen.«

Die Glückwünsche waren ganz ernst gemeint von dem kämpferischen, kampferprobten, eminent politischen Literaturnobelpreisträger Rolland. Immer wieder hatte er Zweig zum Angriff ermutigt. Und er schien gar nicht glauben zu können, dass ihm der Freund jetzt so entschlossen gefolgt war. Für Zweig war dieser Brief allerdings ein Grauen. Das hatte er nicht gewollt. Würde er schon wieder nur Hass ernten, noch dazu für ein Buch, in dem er den weichen, kompromissfreudigen, zurückhaltenden Castellio zum Helden gemacht hatte? Deswegen würde man ihn auch in Frankreich in Stücke reißen? Ihn? Den Künder des Ausgleichs, des Zuhörens, der Verständigung? Ja, in dieser Welt, in diesem Jahr, auf diesem Kontinent ist es wohl so. Hinzu kam, dass er das Buch auf Drängen seines Verlegers Reichner so eilig fertiggestellt hatte, dass einige historische Fehler in der ersten Ausgabe stehen geblieben waren. Eine weitere Freude für seine Feinde. Die Angriffe hörten nicht auf.

Stefan Zweig war in einer schweren Lebenskrise. Er war müde, gereizt, litt unter Depressionen. Er habe die Literatur satt, schrieb er. Am liebsten wolle er die ganze Auflage des *Calvin* aufkaufen und verbrennen. »Die einzige Möglichkeit, den Hass zu bekämpfen, muss aus uns selbst kommen«, antwortete er Rolland. Er träume davon, sich in ein Mauseloch zurückzuziehen. Vor allem: nie mehr eine Zeitung lesen zu müssen. Die Welt, die Literatur, die Politik – wie schön wäre es, von alldem nichts mehr wissen zu müssen. Welcher Ort könnte fern genug von alldem sein? Welcher Ort konnte das Mauseloch für diesen Sommer sein?

Ein Strand in Belgien, weiße Häuser, Sonne, eine breite Promenade, kleine Bistros mit Blick aufs Meer. Er will nach Ostende.

Mit Lotte.

»Liebes Fräulein Altmann«, schreibt er am 22. Juni aus Wien nach London. Den Juli würden sie beide in Ostende verbringen, in einer Woche gehe es los.

»Große Koffer überflüssig«, schreibt er. Und: »Wir würden dort einfach leben.«

Ganz in der Nähe lebt in diesem Sommer jener andere Mann, der Mann aus Brody im fernen Osten. Er ist für ein paar Monate aus Paris nach Amsterdam gekommen. Anfang Mai hat er an Stefan Zweig geschrieben: »Sie müssen bedenken, daß alle Leute irgendwo einen Verwandten, eine Mutter, einen Bruder, einen Vetter haben, ich aber komme von sehr weit her, ich kenne meine Verwandten im Osten nicht einmal mehr dem Namen nach. Und sie sind, wenn sie noch leben, im größten Elend, sicherlich. Was soll ich tun? Ich muß Sie als meinen Bruder betrachten, ich bitte Sie, erlauben Sie es mir, ich spreche zu Ihnen, ja, wie zu einem Bruder.«

Joseph Roth ist am Ende. Im Vergleich zu ihm hat Stefan Zweig Luxussorgen. Roths Bücher sind sofort nach der Machtübernahme der Nazis in Deutschland verboten worden. Er will auch gar nicht, dass sie dort noch erscheinen. »Die Hölle regiert«, hat er an Zweig geschrieben. Und dass es keine Kompromisse mit dem Feind geben dürfe. Wer mit Nazideutschland noch Geschäfte mache, wer überhaupt noch irgendeine Verbindung nach Deutschland halte, sei eine Bestie. Dass Zweig seine Bücher, solange es ging, über den Reichner Verlag in Deutschland hatte vertreiben lassen, empfindet er als Verrat. Im Mai 1936, nachdem klar ist, dass auch Zweigs Bücher dort nicht mehr erscheinen können, schreibt Roth freudig: »Ich beglückwünsche Sie zu Ihrem Verbot in Deutschland.«

*

Eine sonderbare Liebe verbindet diese zwei Männer seit Jahren schon. Zweig, zehn Jahre älter, Schlossbesitzer, Weltmann, Bestsellerautor – und Roth, erfolgreicher Journalist, Feuilletonist für die *Frankfurter Zeitung* in den Zwanzigerjahren, Autor nicht sehr erfolgreicher Reportageromane, Hotelbewohner, Trinker, gesellig, freigiebig, erzählfreudig, immer von Freunden, Zuhörern, Anhängern umringt. Als er mit *Hiob* und *Radetzkymarsch* endlich Romane schrieb, die ihm in einer Welt bei Verstand Reichtum und Ruhm eingebracht hätten, wurden seine Bücher verboten und verbrannt, und Roth ging ins Exil.

Er ist ein unglücklicher Mensch, hellsichtig und böse. Er sucht das Heil in der Vergangenheit. Das alte Österreich und seine Monarchie. Sein Kaiserreich, das ihn, den vaterlosen Juden, fern der großen, glanzvollen Hauptstadt aufgewachsen, so hoch emporgehoben und ihm die Welt eröffnet hatte. Ein Universalstaat, der viele Völker ohne Unterschiede in sich vereinte, in dem man umherreisen konnte ohne Pass und überhaupt ohne Papiere. Je älter er wird und je dunkler die Welt, umso mehr sehnt er sich zurück, umso mehr verklärt sich ihm die Welt, die er verloren hat.

»Lemberg noch in unserem Besitz.« Jetzt, viele Jahre nachdem es gefallen und das Kaiserreich untergegangen ist, scheint es fester in seinem Besitz als je zuvor.

Im Frühjahr 1936 hatte Joseph Roth begonnen, den Roman seiner Heimat zu schreiben. *Erdbeeren* sollte er heißen. »In meiner Heimatstadt lebten etwa zehntausend Menschen. Dreitausend unter ihnen waren verrückt, wenn auch nicht gemeingefährlich. Ein linder Wahnsinn umgab sie, wie eine goldene Wolke. Sie gingen ihren Geschäften nach und verdienten Geld. Sie heirateten und zeugten Kinder. Sie lasen Bücher und Zeitungen. Sie kümmerten sich nicht um die Dinge der Welt. Sie unterhielten sich in allen Sprachen, in denen sich die sehr gemischte Bevölkerung unseres Landstrichs verständigte.«

Er wird das Buch nie zu Ende schreiben. Seine Lage spitzte sich in diesen Monaten dramatisch zu. Er hatte Vorschüsse für mehrere Romane erhalten und längst ausgegeben, die Exilverlage, ständig am Rande des Bankrotts operierend, gaben ihm kein Geld mehr, solange er kein fertiges Buch ablieferte. Ein Roman, *Die Beichte eines Mörders,* war beinahe fertig, ein zweiter, *Das falsche Gewicht,* zur Hälfte, er schrieb und schrieb. Mit dem Material des *Erdbeeren*-Romans füllte er die anderen Bücher, um schneller fertig zu werden. Er wusste, dass das nicht gut war. Selbst Zweig, der ihn immer maßlos bewundert hat, warnte ihn in seinen Briefen, er solle seine Romane nicht

»stopfen«. Das habe auch schon den letzten nicht gutge-
tan. Aber was sollte er machen? Er hat kein Geld.

Stefan Zweig versuchte aus der Ferne immer wieder schriftlich, an Roths Vernunft zu appellieren, Geld zu sparen, weniger zu trinken, nicht mehr in den teuersten Hotels zu
wohnen. Ende März hatte er ihm geschrieben: »Haben
Sie endlich den Mut, sich einzugestehen, daß, so groß Sie
als Dichter sind, Sie im materiellen Sinne ein kleiner armer
Jude sind, fast so arm wie sieben Millionen andere, und werden so leben müssen wie neun Zehntel der Menschen dieser
Erde, ganz im Kleinen und äußerlich Engen.« Dieser Brief
hätte die Freundschaft beinahe beendet. Joseph Roth war
tief gekränkt. Zweig hatte die Wurzel ihrer Entzweiung, den
tiefen Graben benannt, der zwischen dem assimilierten, von
Geburt aus vermögenden Westjuden und dem armen Ostjuden vom Rande der Monarchie im Verborgenen klaffte.
Es war Notwehr. Denn Zweig sah, dass er Roth nicht helfen konnte, dass es egal war, wie viel Geld er ihm schenkte,
dass er nur tiefer und tiefer in den Abgrund stürzte, weil er
immer mehr trank und langsam den Verstand verlor und
seine Kunst. »Was ein armer kleiner Jude ist, brauchen Sie
nicht ausgerechnet *mir* zu erzählen«, antwortete Roth.
»Seit 1894 bin ich es und mit Stolz. Ein gläubiger Ostjude
aus Radziwillow. Lassen Sie das! Arm und klein war ich 30
Jahre. *Ich bin arm.*«

Roth schimpfte, wütete, flehte Zweig an, zu ihm zu kommen. »Ich krepiere, ich krepiere«, schrieb er. Und am
9. April: »Lieber Freund, wenn Sie kommen wollen,

so kommen Sie bald, der Rest von mir wird sich noch freuen.« Die Lage war dramatisch, und Roth steigerte die Dramatik in den Briefen an den Freund noch etwas. Zweig wich aus. Es fliege nur die deutsche Lufthansa nach Amsterdam, und mit der fliege er nicht. Gleichzeitig schrieb er an seinen amerikanischen Verleger Ben Huebsch, er habe Angst, Roth zu treffen. Vor Jahren schon habe er ihm geraten, sich zu beschränken, finanziell, alkoholisch, literarisch. Nichts habe ihm geholfen und nichts werde jemals helfen. »Man könnte ihm wünschen, daß er für ein kleines Delikt einmal zwei, drei Monate eingesperrt wird, eine andere Möglichkeit gibt es wohl nicht, ihn am Trinken zu verhindern.« Und er fügte eine Information hinzu, die für Roth fatal sein wird: »... daß die Qualität seiner Bücher auf die Dauer doch durch seine unsinnige Lebensweise leiden muß.«

Zweig hat natürlich recht. Aber der amerikanische Markt ist für deutschsprachige Schriftsteller die einzige finanzielle Rettungsmöglichkeit, und der Verleger Huebsch ist mächtig.

An Roth schrieb Zweig: »Roth, halten Sie sich jetzt zusammen, wir *brauchen* Sie. Es gibt so wenig Menschen, so wenig Bücher auf dieser überfüllten Welt!!« Aber Roth war hellsichtig, immer noch. Ein Menschenkenner und ein genauer Leser. Er wusste, dass Zweig nicht kommen wollte, dass er ihn nicht sehen wollte. Und er konnte Flugpläne lesen: »Es ist ja nicht richtig, daß nur deutsche Flugzeuge hieher verkehren. Nur 6h ist Lufthansa. Sonst gibt es 7h früh, 10, 12, 15, 2.10, 7.45 *holländische.* Aber Sie wollen einfach nicht kommen, und es wäre besser, Sie sagen es.« Und ja, er nehme sich schon zusammen, da müsse sich Zweig keine Sorgen machen. Tag für Tag nehme er sich zusammen, mehr könne man sich gar nicht mehr zusammennehmen, als er es tue, Tag für Tag. »Ich schreibe jeden Tag, nur um mich zu verlieren in fremden Schicksalen. Sehen Sie denn nicht, Sie Mensch, Freund, Bruder – Bruder haben Sie mir einmal geschrieben –, daß ich binnen kurzem krepiere.«

Es war ein Luftkampf in höchster Not, den die beiden Schriftsteller miteinander kämpften. Luftschach unter Freunden. Wer gibt nach? Kann Zweig den Freund retten? Will er das überhaupt? Der Mann, der sich von allen Fesseln lösen wollte, hing nun ausgerechnet an dieser einen Fessel besonders fest. Roth war nicht bereit, ihn aus seiner Freundschaftsverantwortung zu entlassen. Zweig hatte ein schlechtes Gewissen, rang mit sich, und er liebte den Freund ja auch, er bewunderte immer noch seine Kunst, sein Urteil achtete er wie das keines anderen. Roth war immer streng mit ihm gewesen, unnachsichtig streng. Das Blumige, Wolkige, Metaphernreiche seines Stils, die falschen Bilder, halb genauen Adjektive. Roth war unerbittlich. Er war es in seinen Briefen und auch im Gespräch. Es war ihm egal, dass er von Zweig abhängig, und dass der andere so viel erfolgreicher war als er. Das sagte noch nichts über Genauigkeit, Schönheit, literarische Qualität. Aber er wusste, was er Stefan Zweig auch literarisch zu verdanken hatte. Er wusste es und schrieb es ihm. In das Exemplar seines *Hiob* etwa, hatte er ihm 1930 diese Widmung geschrieben: »Stefan Zweig, dem ich den *Hiob* zu verdanken habe – und mehr als den Hiob und mehr als überhaupt ein Buch bedeuten kann –, so viel, wie diese Freundschaft bedeutet: möge dieses Exemplar als geringen Gruß annehmen und behalten. Joseph Roth«

1931 hatten sie in Antibes gemeinsam geschrieben, hatten sich abends die Arbeit des Tages gegenseitig vorgelesen, manches verbessert, hinzugefügt. Roth las Zweig aus dem entstehenden *Radetzkymarsch* vor, und Zweig war glücklich und begeistert und kam beim Zuhören immer wieder selbst ins Erzählen, unterbrach den Lesenden mit Erinnerungen an sein eigenes, frühes Österreich. Bilder seiner Kindheit.

Und als Roth später das fertige Buch an den Freund schickte, fügte er in einem Brief hinzu: »Ich habe ganz vergessen Ihnen zu sagen, daß ein paar Szenen in meinem Buch von Ihnen stammen, Sie werden sie erkennen, und daß ich Ihnen, trotz meiner Unzufriedenheit mit dem Roman, sehr, sehr dankbar bin.«

Von nun an war ihm der literarische Rat Stefan Zweigs fast unentbehrlich geworden. Im Januar 1933 hatte Roth an Zweig geschrieben: »Ich kann, ohne mit Ihnen gesprochen zu haben, *absolut nichts Neues anfangen.* Ihre Güte und Ihre Klugheit muß ich haben.«

*

Einige Wochen später in Ostende geht Roth mit Zweig die zweite Hälfte der *Beichte eines Mörders* noch einmal durch. Er liest ihm vor, Zweig kritisiert, denkt voran, formuliert um, schenkt Ideen, Einfälle, Beobachtungen,

streicht Füllwörter, Doppelungen, weist auf falsche An-
schlüsse hin. Roth hört gespannt und aufmerksam zu und
ist offen für die Anregungen.

Im Frühling dieses Jahres war Roth zum ersten Mal
komplett begeistert von einem Werk seines Freundes. Die
Abrechnung mit dem Reformator Calvin war für den Juden Roth, der den Katholizismus verehrte, eine große
Freude. In drei Nächten habe er sie gelesen, schrieb Roth.
»Immer noch war in Ihren Büchern trotz aller Ihrer re-
alen Weltkenntnis eine bestimmte Neigung zur Illusion,
zur unbestimmten Hoffnung viel mehr, ein ganz gewisser
moralischer Ballast. Den haben Sie abgeworfen und sind
also höher gestiegen. Es ist Sauberes, Klares, das Gläserne,
das ich so liebe, im Gedankengang *und* in der Form. Es
gibt auch keinen Metaphernballast mehr.« Und er fügte
hinzu: »Wie sehr ich mich darüber freue, in meinem fast
calvinistischen Sprachfanatismus, werden Sie ahnen.« So
lobte und pries er fort, fiel sich selbst ins Wort, oh, er prüfe
sich, ob sein freundschaftliches und literarisches Gewissen es ihm überhaupt gestatte, ihm, dem Förderer, dies zu
schreiben. Doch, er habe sich jetzt geprüft, er müsse sich
keinen Vorwurf machen. Es sei einfach zu gut, er sei ganz
unbestochen. Und fügte, glücklich, als größtes Lob hinzu:
»Es ist mir so, als ob Sie heimgefunden hätten und, bilde
ich mir ein, ein bißchen zu mir.«

Ein Schriftsteller findet heim, findet nach Hause, zu einem anderen. Joseph Roth war ein Taktiker, Joseph Roth
war verzweifelt, wollte um jeden Preis den Freund an seiner Seite sehen. Wollte mit ihm reden, schreiben, trinken, wollte sorglos sein neben ihm, der jede Rechnung be-

zahlte, jedes Problem mit seiner sonnigen Vernunft löste. Also übertrieb er wohl ein bisschen in seinem Brief. Aber das mit dem Heimkommen, das meinte er so. Als Wunsch und als Wirklichkeit.

Roth fühlte sich dem Tode nahe. Sein Zimmer sehe aus wie ein Sarg. »Bedenken Sie, dass man nie weiß, wann man das letzte Mal irgendeinen sieht. Und Briefe ersetzen nicht den Augenblick, in dem man sich sieht, sich begrüßt und dann den andern, wo man Abschied nimmt.«

Stefan Zweig willigte schließlich ein. Es war auch wegen Roth, dass er sich in diesem Sommer für Ostende als Zufluchtsort entschied. Der Freund konnte schnell mit dem Zug von Amsterdam herüberkommen, es war nicht weit. Dass es außerdem in Belgien ein Schnapsverbot gebe, wie Zweig ihm begeistert schrieb, wird Roth nicht unbedingt gereizt haben, aber er kannte den pädagogischen Ehrgeiz des Freundes und er würde Wege finden, es zu umgehen. Gut, auch dass sich Zweig einen Badeort ausgesucht hatte, war nicht gerade in Roths Sinne. Er gehe nicht ins Meer, schließlich gingen die Fische ja auch nicht ins Caféhaus, sagte er gerne. Roth schätzte die heiße Sonne nicht, auch nicht den Strand, und nach fröhlicher Ferienatmosphäre stand ihm überhaupt nicht der Sinn. Zweig beschwichtigte: Ostende sei eine richtige Stadt, caféhäuslicher als Brüssel, mit einer Unzahl von Bistros.

Aber es ist schwer, in diesen Zeiten zu reisen, für einen Juden mit österreichischem Pass und ohne Bestechungsmittel, selbst die kürzesten Strecken, selbst zwischen den Niederlanden und Belgien. Zwei Wochen schon wartet Roth in Amsterdam auf das belgische Visum.

Dann werden die Aufregungen noch größer. Auch Roth hat sich gerade von seiner Lebenspartnerin getrennt, der aus Kamerun stammenden, in Hamburg aufgewachsenen und mit einem kamerunischen Prinzen verheirateten Andrea Manga Bell, mit der er seit sieben Jahren zusammenlebt. Auch sie hat große Kinder aus erster Ehe, einen Sohn und eine Tochter, ihr Mann hatte sie nach der Geburt der Tochter in Richtung Afrika verlassen. Er besitzt angeblich ein märchenhaftes Vermögen, zahlt aber nichts, nichts für die verlassene Frau, nichts für die Kinder. Andrea Manga Bell war Schauspielerin gewesen, hatte ihren Traum eines königlichen Lebens in Afrika auf der Bühne ausgelebt, dann als Graphikerin gearbeitet. Bis sie Joseph Roth traf, für den sie Sekretariatsaufgaben übernahm und seine Manuskripte abtippte. Eigenes Geld verdiente sie seither keins mehr. So musste Roth für sie sorgen. Doch Roth will nicht mehr, kann nicht mehr. Er war im März nach Amsterdam gegangen, um hier billiger zu leben und von dem Familienanhang befreit zu werden.

Im Juni schreibt er seiner Gefährtin und bietet ihr an, sie solle auch nach Amsterdam kommen oder später nach Brüssel, um dort mit ihm zu leben. Aber ohne die Kinder. Die müssten langsam für sich selbst sorgen oder der Vater oder wer auch immer. Jedenfalls nicht er, Joseph Roth. Sonst müsse man sich eben trennen. Darauf hört er lange nichts. Bis ihn am 28. Juni ein Telegramm von Tüke Manga Bell erreicht, Andreas Tochter: »Bitte kommen Sie sofort!« Sonst nichts. Roth, in heller Aufregung, befürchtet das Allerschlimmste, er hat kein Geld für eine Fahrt nach Paris, er wartet seit Tagen im Hotel *Eden* auf sein belgisches Visum, er telefoniert panisch mit seiner französischen Übersetzerin Blanche Gidon in Paris, die auch nichts weiß. War das beruhigend? Hätte sie von Manga Bells Tod erfahren? Roth ist verzweifelt. Zwei Tage lang wartet er auf Nachricht, von Tüke, von Blanche Gidon. Dann erreicht ihn ein weiteres Telegramm von Tüke Manga Bell. Ihre Mutter habe einen Nervenzusammenbruch erlitten, nachdem sie von Roths Absicht erfahren habe, sich von ihr zu trennen.

Zunächst ist Roth erleichtert. Ja, er hat wirklich befürchtet, sie habe sich das Leben genommen. Ein Nervenzusammenbruch – das klingt für ihn eher wie ein Trick, eine Scheinerkrankung, um ihn zurückzuzwingen. Zurück in die Familie, zurück zur Vernunft. Aber er will nicht mehr. »Frau Manga Bell hat sich konstant geweigert, nach den Gesetzen meines Lebens zu leben«, schreibt er wenige Tage später an Blanche Gidon, um sich zu rechtfertigen. Das schlechte Gewissen quält ihn. Es quält ihn doppelt, weil das Schicksal seiner ersten großen Liebe, das Schicksal von Friedl, seiner Ehefrau, wie ein Schatten auf seinem Leben liegt. Auch sie konnte nicht »nach den Gesetzen seines Lebens leben«, damals schon, in Berlin, das Leben in Hotels, das Umherreisen, immer dem Mann hinterher. Nur wenige Monate, am Anfang ihrer Ehe 1922/23, hatten sie in einer gemeinsamen Wohnung in Berlin-Schöneberg gelebt. Dann fand Roth es lästig, eng und falsch, und sie zogen von Hotel zu Hotel. Friedl war jung, schlank, modern, blass und sehr hübsch. Auf Fotos schaute sie scheu und selbstbewusst zugleich. Sie wurde krank in dieser Ehe. Roth glaubt sein Leben lang, dass er schuld daran sei. Doch zerbrechlich, ängstlich, weltscheu war sie schon gewesen, als sie sich kennenlernten. Roth hatte damals an seine Cousine Paula Grübel geschrieben, Friedl leide »an Menschenfurcht«. Aus Wien, im Sommer 1922, schrieb er: »Sie geht den ganzen Tag über eine Furt in der Donau hin und zurück, stellt sich vor, das sei das Meer, und lebt das Leben einer Schlingpflanze.« Und er fügte hinzu: »Ich hätte nie geglaubt, daß ich ein kleines Mädchen so dauerhaft liebhaben könnte. Ich liebe ihre Scheu vor Geständnissen und ihr Gefühl, das Furcht und Liebe ist und das Herz, das immer dasjenige fürchtet, was es liebt.«

Er sah früh, was mit ihr geschah, auch wenn er in Briefen noch das Gegenteil beschwor: »Sie ist normal, und ich bin, was man verrückt nennen muß. Sie reagiert nicht so, wie ich, nicht so stark, nicht so zitternd, sie ist weniger atmosphärisch bestimmbar, sie ist geradeaus und gescheit.« In Wahrheit fürchtete Roth schon 1925 um ihren Verstand. Vier Jahre später schrieb er jenen Roman, der ihn berühmt machte, den Roman des gläubigen Juden Mendel Singer, der von Gott geprüft wird, über alle Maßen, und dessen Tochter Mirjam den Verstand verliert. Im *Hiob* beschrieb Joseph Roth auch das Schicksal seiner Frau: »Es ist richtig, daß man seine Schmerzen nicht teilen kann, man verdoppelt sie nur«, schrieb er im März 1929 in einem Brief. »Aber es liegt ein unermeßlicher Trost in dieser Verdopplung eben. Mein Leid geht aus dem Privaten ins Öffentliche und ist also leichter erträglich.« Später im Jahr erlitt Friedl dann einen derart heftigen Zusammenbruch, dass sie sich nicht mehr erholte. Roth beschrieb ihn in einem Brief an seinen Freund René Schickele im Dezember 1929: »Ich schreibe Ihnen in größter Not. Gestern bin ich nach München gefahren, geflohen. Seit August ist meine Frau schwer krank, Psychose, Hysterie, absoluter Selbstmordwille, sie lebt kaum ––– und ich gehetzt und umringt von finsteren und roten Dämonen, ohne Kopf, ohne die Fähigkeit, einen Finger zu rühren, ohnmächtig und gelähmt, hilflos, ohne Aussicht auf Besserung.« Zunächst kümmerten sich ihre Eltern um die kranke Friedl, im nächsten Frühjahr, an dem Tag, an dem das letzte Kapitel des *Hiob*-Romans in der *Frankfurter Zeitung* vorabgedruckt wurde, lieferte man sie in das Sanatorium *Rekawinkel* bei Wien ein. Später kam sie in die Psychiatrie *Steinhof* bei Wien.

Ein Leben lang macht Roth sich Vorwürfe wegen Friedl. Und natürlich ist er, als er vom Nervenzusammenbruch Manga Bells erfährt, entsetzt. Gleichzeitig ist ihm nun klarer denn je, dass er nicht zu ihr zurückkehren wird. Er hat schon vorher oft Angst vor ihr gehabt, immer nachdem sie sich gestritten hatten. Ludwig Marcuse berichtet später, dass Roth ihn einmal dringend gebeten habe, ihn zu einem Versöhnungstreffen nach langem Streit mit seiner Gefährtin zu begleiten. Sie sei unberechenbar, außerdem trage sie immer eine kleine Pistole in der Handtasche. Er halte es nicht für ausgeschlossen, dass sie sie auch benutzen würde.

Aber die Angst vor einer psychischen Erkrankung Manga Bells ist beinahe noch größer: »Ich kann auch die geringste psychische Last nicht mehr ertragen, wenn ich nicht umkommen soll«, schreibt er jetzt an Blanche Gidon. »Und ich will nicht umkommen.«

*

Einen Tag, nachdem er von Manga Bells Nervenzusammenbruch erfahren hat, ruft Joseph Roth den belgischen P.E.N.-Club zu Hilfe, dann klappt es endlich und er erhält das Visum. Doch Roth zögert, ob er nach Ostende fahren soll. Er hat erfahren, dass nicht nur Stefan Zweig mit Lotte Altmann da ist, sondern auch Egon Erwin Kisch und Hermann Kesten, Gute-Laune-Freunde aus besseren Zeiten. Für diesen dunklen Sommer erscheinen sie Roth nicht wie die richtige Gesellschaft: »Es ist mir höchst peinlich, Kesten und Kisch in Ostende zu treffen – was unvermeidlich ist«, schreibt er an Zweig. »Ich kann Witzbolde nicht mehr vertragen.«

Doch Zweig umwirbt ihn geradezu, er preist die Vorzüge Ostendes, die Hotelpreise, die Bistros, und zum Ende von Roths Liebe, die dieser ihm geschildert hat, schreibt er gut gelaunt: »Und kränken Sie sich nicht wegen Ma. Be. Es ist ein Glück, wenn Dinge sich plötzlich lösen, statt sich langsam zu verzerren.«

Stefan Zweig weiß genau, wovon er spricht. Zwei Monate vorher, auf dem Höhepunkt der Ehestreitigkeiten im Hause Zweig, hatte sich Joseph Roth in die Auseinandersetzung eingeschaltet, vorsichtig auf der Seite von Friderike Zweig, die er gern mochte und die ihn zärtlich Rothi nannte. Sie hatte London fluchtartig verlassen. Roth schrieb an Zweig: »Es ist gut, daß Ihre Frau weggefahren ist. Es ist, glaube ich, keine Indiskretion, wenn ich Ihnen sage, daß ich es ihr geraten habe. Vergessen Sie aber niemals, lieber Freund, daß sie ein außergewöhnlich feiner Mensch ist und daß sie Rücksicht verdient und daß sie sich in einem Alter befindet, in dem jede Frau fürchtet, verlassen zu werden. Es ist das Alter der Panik.« Und er fügte hinzu: »Lieber Freund, man muß lieben und lieben, heutzutage. Wir sind alle so verworren.«

Zweig hatte ihm darauf nicht geantwortet. Erst jetzt, indirekt, indem er ihm zum raschen Liebesende gratuliert. Kein Trost für Roth.

In einem Vortrag, den Roth am 12. Juni vor vollem Haus in der Buchhandlung seines Exilverlages Allert de Lange gehalten hat, der den Titel *Glaube und Fortschritt* trug und in dem er unter großem Applaus gegen den Aberglauben wütete, die moderne Technik sei Heilsbringer der Menschheit und Menschlichkeit, schloss er mit der Forderung: »Stellen wir die Vernunft in den Dienst dessen, wozu sie uns gegeben ist: nämlich in den Dienst der Liebe.«

Und jetzt also: über die Grenze, fort von Nervenzusammenbrüchen und einer Liebe, die vorüber ist. Das Visum ist da. Auf ans Meer, ins Bistro, zu einem Freund. Sommer der Liebe. Juli in Ostende.

*

Mühsam steigt er aus dem Zug, der hier endet. Zweig wartet am Bahnsteig, hat schon alles arrangiert, Träger, Hotel, die Fahrt dorthin. Das Wiedersehen zwischen den beiden Freunden hier oben am Meer ist zunächst etwas befangen, steif, unsicher auf beiden Seiten. Sie haben sich lange nur geschrieben, viele böse Vorwürfe hat Roth dem alten Freund gemacht, viele Liebeserklärungen, manche übertrieben, manche einfach wahr. Zweig hat sich verleugnet, ist Begegnungen ausgewichen, ängstlich, vorsichtig, um sein eignes Seelenheil besorgt. In ihren Briefen haben sie ein kämpferisches, liebevolles Gleichgewicht zwischen Freundschaft, Neid, Bewunderung, Abhängigkeit, Liebe, Besserwisserei und Eifersucht gefunden. Roths Verzweiflung hat dort, allein in Amsterdam, um ein Visum für Belgien flehend, ein neues Stadium erreicht.

Jetzt geben sie sich die Hand, »Herr Zweig«, »Herr Roth! Endlich. Herzlich willkommen am Meer!«. Und dann ist alles wie immer. Roths Erleichterung setzt augenblicklich ein. Ein Mann, ein Freund, der die Dinge für ihn regelt, sein Verbindungsmann zur Sonne, zur Vernunft, zum gesicherten, zum sicheren Leben. Wie gerne vertraut er sich ihm in diesem Sommer an. Wie sicher wird gleich wieder sein Schritt. Und wie froh ist auch Zweig jetzt und hier über das Glück, das er sofort spürt, das er für den anderen sein kann. Wie freut er sich seiner Überlegenheit. Ja, er selbst fühlt sich augenblicklich wieder diesem Leben gewachsen, wenn er seinen schwankenden Freund neben sich die engen Straßen entlanggehen sieht. Sie sind wie füreinander gemacht. Zwei Stürzende, die Halt beieinander finden, für eine kurze Zeit.

Sie ist euphorisch, überglücklich über ihre Flucht. Glücklich, dass sie draußen ist aus dem Naziland. Irmgard Keun ist keine Jüdin. Aber ihre Bücher sind in Deutschland trotzdem verboten worden. Viel zu modern und selbstbewusst waren die Frauen, die sie schilderte im *Kunstseidenen Mädchen,* in *Gilgi – eine von uns.* Viel zu modern ihr Stil, großstädtisch. Eine Asphaltliteratin im schlechtesten und also besten Sinne.

Sie ist eine selbstbewusste, schöne junge Frau, Pelz um den Hals, großer Mund, große Augen. Und wer hier Bücher verbietet, das wolle sie doch erst mal sehen, hatte sie sich gedacht. Und hatte geklagt, hatte bei den Nazibehörden geklagt und dann gleich noch um finanzielle Unterstützung für den Prozess gebeten. In der Sache: Keun gegen das Propagandaministerium. Sie verlangte erstens eine stichhaltige Begründung dafür, dass ihre Bücher nicht mehr erscheinen durften, und zweitens Schadenersatz für die beschlagnahmten Exemplare und noch mehr: »Der mir entstandene Schaden begrenzt sich kei-

neswegs mit meinen Urheberanteilen aller beschlagnahmten Bestände, sondern ergibt sich aus der erweis-
lichen Tatsache, daß mein Monatseinkommen vor der
Beschlagnahme sich auf mehrere tausend Mark belief und
infolge der Beschlagnahme keine hundert Mark mehr be-
trägt.« Den Brief schickte sie per Einschreiben an das
Landgericht Berlin. Der Präsident reichte das Schreiben an die Gestapo weiter. Von dort ging eine Anfrage
an die Reichsschrifttumskammer, ob die Schriften Irmgard Keuns tatsächlich auf der Liste des schädlichen und
unerwünschten Schrifttums stünden. Die Antwort kam
acht Tage später und war deutlich: Ja. Und Keun bekam
also Post von der Gestapo: »Die Bücher sind von dem
Herrn Präsidenten der Reichsschrifttumskammer gemäß
§ 1 der Anordnung der Reichsschrifttumskammer über
schädliches und unerwünschtes Schrifttum eingereicht
und von mir beschlagnahmt und eingezogen worden.
Schadenersatzansprüche stehen Ihnen mithin nicht zu.«
Daraufhin meldete Irmgard Keun bei mehreren anderen
Landgerichten Schadenersatzansprüche an, aber ein Ver-
fahren wurde nirgends eröffnet.

Sie hatte natürlich selbst nicht damit gerechnet, dass es
zu einem Prozess kommen würde. Aber sie konnte sich das
einfach nicht gefallen lassen. Was sollte das? Wie konnte
da eine neue Regierung kommen und ihre Bücher be-
schlagnahmen, einfach so? Irmgard Keun ist auf eine kindliche Weise bereit, immer alles zu hinterfragen. Warum ist
das so? Wo sind meine Bücher? Ist das gerecht? Entspricht
es dem Recht? Und wenn es nicht dem Recht entspricht,
wie können wir es dann bitte ändern, und zwar sofort?

Sie schaut mit einem schönen Sonnenblick auf die Welt, auch auf die neue. Aber auf Dauer kann so keiner blicken. Nicht wenn die Wirklichkeit immer dunkler, brauner und gefährlicher wird.

Anfang Mai setzt sie sich in den Zug. Hauptsache raus aus dem Land der braunen Pest, des Unrechts, der Bücherverbieter. Sie will ans Meer. Es macht die Gedanken weit, findet sie. Sie beschließt, nach Ostende zu fahren, da war sie früher mit ihren Eltern im Urlaub gewesen. Und sie fährt los. »Hinter mir ein Land und vor mir die ganze Welt.« Am vierten Mai ist sie da. Sie sieht die Promenade, den Strand, die Bistros, das Casino, die ganze ungezwungene, freie Welt, und sie ist begeistert.

Seit Kurzem hat sie einen Vertrag beim Verlag Allert de Lange. Der Lektor Walter Landauer hat ihr den verschafft. Gleich nach der Ankunft in Ostende bekommt sie 300 Gulden Vorschuss für ihr nächstes Buch. Und zur Begrüßung drei Orchideen von Landauer, jede einzeln verpackt, auf ihr Hotelzimmer. Die Emigrantenwelt hat sie erwartet.

*

Für einen Tag fährt sie nach Brüssel. Man hatte ihr gesagt, dass sie dort Hermann Kesten kennenlernen könne. Einen Roman hatte sie bislang von ihm gelesen, *Der Scharlatan*. Sie trifft ihn im Foyer eines großen Hotels. Und er ist der Erste in diesem belgischen Sommer, der von ihrem Zauber erfasst wird. Er sieht sie schon von Weitem, denkt, sie sehe aus wie ein Fräulein, mit dem man gleich tanzen gehen möchte. Das ändert sich aber rasch. Denn dann will Hermann Kesten vor allem mit ihr reden, ihr zuhören und zusehen, beim Reden: »Aber wir saßen noch nicht am Tisch bei einer Tasse Kaffee und einem Glas Wein, da sprach sie schon von Deutschland, mit blitzenden Augen und roten, witzigen Lippen. Sie erzählte vom neuen exotischen Germanien mit vorsichtig gesenkter Stimme und in tollkühnen Wendungen und Bildern. Ihre weiße, seidene Bluse und ihre blonden Haare flatterten wie in einem wilden Wind, ihre Augen und Hände schienen mitzusprechen, und es sprachen ihr Verstand und ihr Herz. Sie war naiv und brillant, witzig und verzweifelt, volkstümlich und feurig und kein Fräulein mehr, mit dem man tanzen gehen wollte, sondern eine Prophetin, die anklagt, ein Prediger, der schilt, ein politischer Mensch, der eine ganze Zivilisation verschlämmen sah. Alles an ihr sprach und lachte und höhnte und trauerte.«

Sie sprechen lange. Kesten saugt ihre Energie, ihr Lachen und ihre Wut auf wie ein Verdurstender. Kesten ist 36 Jahre alt, hatte sofort nach der Machtergreifung Deutschland verlassen und ist so etwas wie der Geselligkeitskönig der Emigranten. Er braucht die Nähe seiner Freunde, der Poeten, mehr als alle anderen. Stefan Zweig nennt ihn später einmal den »Schutzvater aller über die Welt Versprengten«.

Nach dem Krieg wird von Kesten eines der zärtlichsten Bücher über die Emigrantenwelt erscheinen. Es heißt *Meine Freunde, die Poeten*. Er schreibt immer im Café, redet

60

schreibend und schreibt, während er redet, ja, er braucht das Gespräch, um überhaupt schreiben zu können.

Er gehört einfach dazu, zu den abendlichen Runden in Nizza, in Sanary-sur-Mer, in Paris, Amsterdam und hier in Ostende. Außerdem hat er Einfluss, er war früher Lektor des Gustav Kiepenheuer Verlages, jetzt leitet er, zusammen mit Landauer, die deutsche Abteilung des Verlages Allert de Lange. Auf dem kleinen Markt der deutschen Texte im Exil ist er eine wichtige Kraft. Und er ist irgendwie überall, und wenn ihn Roth einen Witzbold nennt, dann hat er wohl recht. Kesten ist stets um gute Laune bemüht, er hat die tiefsten Lachfalten der Emigration, aber er leidet unter der Isolation im Exil mindestens ebenso wie alle anderen auch.

Aus Ostende schreibt er an seinen Freund Franz Schoenberner: »Es ist eine Hundearbeit, besonders bei den mageren Terminen und den spottmäßigen Aussichten. Der erste und der letzte Trost ist das, was wir Schriftsteller uns, mehr oder weniger unser selber spottend, gewöhnt haben, Freude an unserer Arbeit zu nennen.«

Es fällt ihm schwer, sich diese Freude zu bewahren. Umso wichtiger ist für ihn in diesen Tagen die Begegnung mit der Frau aus Deutschland, die ein Buch von ihm kennt, die ihn bewundert, die stolz darauf ist, ihn zu treffen. Sie findet ihn furchtbar klug und nett und witzig. Nur, als er ihr sagt, worüber er gerade schreibt, trübt sich ihre Stimmung: Philipp II., König von Spanien, 16. Jahrhundert! Bitte nicht! Wieso schrieben alle nur noch Geschichtsbücher? Der Verlag hatte ihr nach ihrer Ankunft ein ganzes Paket aktueller Neuerscheinungen der Emigranten geschickt: Alfred Neumann: *Das Kaiserreich,* Joseph Roth: *Hundert Tage,* Bertolt Brecht: *Dreigroschenroman.* Wann, wenn nicht jetzt geht es um die Gegenwart, muss es in den Büchern um die Gegenwart gehen? Die Bücher sind in Deutschland ja ohnehin verboten. Es besteht doch keine Notwendigkeit, historisch zu verklausulieren, was man aktuell und dringlich über die Gegenwart schreiben muss.

Aber es fehlt ihnen ja die Anschauung, der direkte Kontakt zur deutschen Gegenwart. Sie dringt immer nur als Gerücht oder als Propaganda zu ihnen. Was sie hier kennen, ist ein Zerrbild, eine Sehnsucht, ein Schreckensbild. Kaum tauglich, um es in gute Literatur zu verwandeln.

Und deswegen will Hermann Kesten vor allem das bei ihrem Gespräch in Brüssel von ihr wissen: Wie ist es in Deutschland heute? Wie schlimm ist es? Wie ist die Stimmung unter den vernünftigen Menschen? Gibt es Hoffnung, Anzeichen dafür, dass es endet, irgendwann? Sie erzählt lebendig, originell und anschaulich, ja. Aber was sie erzählt, ist im Grunde fürchterlich und bietet keinerlei Hoffnung auf ein Ende. Sie erzählt »von einem Deutschland, in dem Kolonialwarenhändler und Feldwebelwitwen Nietzsches Philosophie vollstreckten. Einem Deutschland mit unfrohen rohen Gesängen und drohenden Rundfunkreden, mit der künstlichen Dauer-Ekstase von Aufmärschen, Parteitagen, Heil-Jubeln und Feiern. Ein Deutschland voll berauschter Spießbürger. Berauscht, weil sie es sein sollten – berauscht, weil man ihnen Vernunftlosigkeit als Tugend pries – berauscht, weil sie gehorchen und Angst haben durften, und berauscht, weil sie Macht bekommen hatten.« Nein, Hoffnung hat sie nicht mitgebracht, aus diesem Land. Aber Energie und Trotz und vor allem eine große Begeisterung für die Emigrantenwelt, die diejenigen, die sie seit mehr als drei Jahren bewohnen, längst verloren haben. Irmgard Keun ist wie ein kleines Mädchen, das nicht glauben kann, dass es jetzt dazugehören soll zu jener geheimbündlerischen Gruppe. »Ich bin die einzige Arierin hier!« jubelt sie in einem Brief nach Hause. Davon hatte sie in Deutschland geträumt. Und jetzt ist sie also wirklich da.

*

Gut, am Anfang ist es manchmal etwas einsam, sehr viele Emigranten sind noch nicht da, es ist kalt, neblig, windig. Sie sitzt oft auf einer der Bistro-Terrassen an der Promenade, dem Wetter trotzend, mit weißem Kopftuch, hellem Mantel. Vor sich auf dem Tisch einen kleinen Berg Crevetten, eine Teekanne, eine Zeitung, leere Blätter Papier. So ganz für sich ist sie und schreibt. Schreibt an ihrem Deutschland-Roman, für den sie den Vorschuss bekommen hat, *Nach Mitternacht* soll er heißen. Sie schreibt: »Ich stehe auf der Straße, die Nacht ist meine Wohnung. Bin ich betrunken? Bin ich verrückt? Die Stimmen und Geräusche um mich fielen von mir ab wie ein Mantel, ich friere. Die Lichter sterben. Ich bin allein.«

Irmgard Keun hat einen Ehemann und einen Geliebten zurückgelassen. Den Ehemann liebt sie schon lange nicht mehr, er versteht kein Wort von ihrem Leiden an der neuen Zeit. Der Geliebte, Arnold Strauss, ist Jude, Arzt und schon kurz nach der Machtübernahme nach Amerika ausgewandert. Sie liebt ihn wohl ein bisschen, hasst aber die Problemlosigkeit seines Lebens, hasst es, dass er sich auch in Amerika augenblicklich zurechtfindet und heimisch fühlt, als sei das alles kein Abenteuer, keine Herausforderung, kein Unheil. Sie schreibt ihm viele Briefe, spielt ihm keine übertriebene Sehnsucht vor, bittet ihn aber regelmäßig um Geld, Geschenke, Notwendigkeiten im Leben einer Frau. Strauss ist auch verheiratet, lebt in Amerika mit seiner Frau und liebt Irmgard Keun über alles. Er würde lieber heute als morgen sein Leben in Amerika aufgeben, sich scheiden lassen, um Irmgard Keun zu heiraten. Aber nichts könnte ihr ferner liegen, nun, da sie frisch die große Freiheit gewonnen hat.

»Ich hab Dich lieb, aber mir liegt ein Dreck dran, Dich zu heiraten«, schreibt sie ihm Anfang Juni aus Ostende nach Montgomery, West Virginia, wo er lebt und arbeitet. »Ich würde mich lieber in einem deutschen Konzentrationslager totprügeln lassen, als mein Dasein dankbar und demütig an Deiner Seite zu Ende zu leben.«

Das ist deutlich. Es schmälert aber seine Liebe nicht, im Gegenteil, und auch nicht seine Bereitschaft, der Geliebten Geld zu schicken. Irmgard Keun freut sich darüber, denkt sich immer neue Forderungen aus und schreibt an ihrem Buch.

*

Sie wohnt nun schon seit über einem Monat im *Hôtel de la Couronne,* im Zentrum von Ostende, gleich neben dem Bahnhof, mit Blick auf den Segelhafen. Jetzt, im Juni, kommt langsam der Sommer herauf. Erste Badegäste treffen ein, die Promenade belebt sich, Sonnenschirme, Männer in Badehosen, die Badehäuschen werden an den Strand geschoben.

Für ein paar Tage fährt Irmgard Keun zu den Kischs. Es ist nicht weit von Ostende hinüber nach Bredene. Es fährt eine Straßenbahn, einmal um das breite Hafenbecken herum, bis zur großen Düne, zwanzig Minuten ist man unterwegs. Dort wohnt das Ehepaar Kisch im Hotel, seit einigen Wochen schon. Irmgard Keun liebt die Gesellschaft der Kischs, und sie lieben sie. Was für eine Lebendigkeit ist da in ihre kleine Emigrantengemeinde hineingewirbelt, aus Deutschland herüber, in diesem Frühjahr!

Sie zeigt die ersten dreißig Seiten ihres neuen Buches Egon Erwin Kisch. Und Kisch ist begeistert, ist so begeistert, dass er gleich nach oben in sein Zimmer verschwindet, Irmgard Keun bleibt mit seiner Frau Gisela unten im Hotel. Erst nach einer halben Stunde kommt er wieder. Er hat Briefe geschrieben, einen an Landauer, um ihm zu dieser tollen Autorin zu gratulieren, einen an seinen amerikanischen Verleger, um ihm eine phantastische deutsche Autorin und ihr neues Buch zu empfehlen, einen an Freunde in Paris, um sie zu bitten, Irmgard Keun für einen Vortrag über die gegenwärtige Lage in Deutschland einzuladen. Keun ist begeistert von seiner Begeisterung, aber auch von seinem revolutionären Elan, seinem kommunistischen Kampfesmut, seinem Optimismus, seiner Unverzagtheit, seiner Gewissheit des kommenden Sieges. »Du kennst solche Leute gar nicht«, schreibt sie gleich an Arnold Strauss nach Amerika. »Und diese verzweifelte Arbeit um ein neues demokratisches Deutschland!« Es ist herrlich!

Kisch erzählt von seiner Heldenfahrt, vor zwei Jahren nach Australien, als Delegierter des Antikriegskongresses im Oktober 1934. Die australische Regierung ließ ihn nicht an Land. Er gefährde die Sicherheit Australiens, hieß es. Daraufhin mietete eine Gruppe von 40 Sympathisanten, die zuvor schon an Land gelangt waren, ein Motorboot, umkreiste Kischs Riesendampfer, und der sprang aus achtzehn Fuß Höhe auf das kleine Boot, auf dem sie ein Antikriegsbanner gehisst hatten. Kisch brach sich ein Bein, durfte aber schließlich an Land, wurde umjubelt, die gesamte Weltpresse berichtete von dem Fall. Und in Australien, so hieß es, verwandelte sich die Bewegung gegen Krieg und Faschismus, die zuvor nur ein Grüppchen gewesen war, zu einer Massenbewegung. Und Egon Erwin Kisch war ihr Held für einige Wochen.

Etwas weniger heldenhaft ist, dass er seit anderthalb Jahren schon an dem Buch über seine Reise arbeitet und einfach nicht fertig wird. Schon als er letztes Jahr den Sommer hier verbrachte, wollte er das Buch beenden, und jetzt sitzt er immer noch daran. *Landung in Australien* soll es heißen, er lacht etwas gequält, wenn er darüber spricht. Aber er lacht. Egon Erwin Kisch lacht gerne über sich. Er raucht pausenlos, hat immer irgendwelche Kommunisten zu Gast, mit denen er Pläne entwirft. Irmgard Keun ist hingerissen. Egonek nennt sie ihn, nennen ihn alle seine Freunde.

Sie verbringt ein paar herrliche Tage mit ihm und seiner Frau, liegt tagsüber in den Dünen mit Gisela, schwimmt, turnt und schreibt nach Montgomery: »Ich bin schon vollständig verwildert und sehe aus wie eine Negerin, die sich eine Perücke von gelben Haaren aufgesetzt hat.«

Dann sagt Egonek eines Tages zu ihr: Wir fahren heute mal zusammen nach Ostende. Ins *Café Flore*. Ich muss dir jemanden vorstellen.

*

Sie fahren mit der Straßenbahn hinüber. Auf der Promenade wuseln die Urlaubsgäste, Kinder mit bunten Hüten, Sonne, leichtes Leben. Sie setzen sich ins *Flore,* unter die Markise in den Schatten, Blick auf den Strand, bestellen Aperitifs, als zwei Männer hereinkommen. Der eine im hellen Anzug, mit Weste und Krawatte, gepflegtem Schnurrbart, dichtem Haar, dunklen, schnellen Augen, selbstbewusst, weltmännisch, mit aufrechtem Gang, wie eine elegante Spitzmaus im Sonntagsrock. Gleich hinter ihm ein kleinerer Herr, leicht gebeugt, in dunklem Anzug, engen Offiziershosen, mit einem kleinen Bauch darüber, einer gestreiften Fliege, Haarbüschel auf der Stirn, einem hellen Schnurrbart, der struppig über den Mund hängt, er schwankt ein wenig. Er sieht aus wie ein trauriger Seehund, der sich an Land verirrt hat. Egon Erwin Kisch und Gisela begrüßen den Herrn im hellen Anzug freundlich lachend, stellen ihn Irmgard Keun vor. Es ist Stefan Zweig, sie gibt ihm scheu die Hand. Währenddessen ist Kisch auf den schwankenden Seehund zugelaufen und haut ihm mit voller Kraft auf den Rücken. »Was? Ohne Krone? Ohne Hermelin? Was ist los, alter Habsburg-Jud?« begrüßt er ihn freudestrahlend. »Sehr komisch, du alter Bolschewiken-Jud«, bekommt er mit einem knurrenden Lachen zurück. Und Kisch, Zigarette im Mundwinkel, öffnet euphorisch die Gesprächsrunde, unterbricht Zweig und Keun in ihrem etwas steifen Kennenlerngespräch, um auch diese beiden noch miteinander bekannt zu machen. Sie geben sich die Hand, freundlich, Irmgard Keun sieht seine zarten, weißen Hände, die aus den schwarzen Ärmeln ragen, sie sieht den blonden, fransigen Schnurrbart, Asche auf seinem Rock. »Meine Haut hat sofort ›Ja‹ gesagt«, schreibt sie später. Und sie schaut ihn an, seine blauen Augen, sieht die schlechten Zähne, die er mühsam unter dem langen Schnurrbart verbirgt, sieht seine Traurigkeit. »Als ich Joseph Roth damals zum ersten Mal in Ostende sah, da hatte ich das Gefühl, einen Menschen zu sehen, der einfach vor Traurigkeit in den nächsten Stunden stirbt. Seine runden blauen Augen starrten beinahe blicklos vor Verzweiflung, und seine Stimme klang wie verschüttet unter Lasten von Gram. Später verwischte sich dieser Eindruck, denn Roth war damals nicht nur traurig, sondern auch noch der beste und lebendigste Hasser.«

Die beiden sind an diesem Abend für den Rest der kleinen Gruppe verloren. Roth zieht sie wortlos auf einen Stuhl neben sich. Er ist misstrauisch: Sie ist keine Jüdin, er kennt sie nicht, kennt keines ihrer Bücher. Warum ist sie hier? Aus Abscheu vor dem Land, den Menschen, den Machthabern, sagt sie. Aha. Und warum kommt sie erst jetzt? Sie erzählt von ihrem Mann, von ihrer Mutter, ihrem jüdischen Geliebten in Amerika. Roth bleibt misstrauisch. Nicht weil er sie für einen Spitzel hält. Er ist einfach nicht einverstanden mit ihrer Entscheidung, erst jetzt zu kommen. Emigration kennt kein Zögern und keine Zweideutigkeit und kein Abwarten. Aber sie imponiert ihm natürlich auch. Weil sie als Nicht-Jüdin freiwillig alles aufgab. Ihr Kampf gegen die deutschen Behörden. Ihre ganze Empörung. Je länger sie redet, desto stiller und gieriger hört er zu. Was sie von Deutschland erzählt, vom Leben dort, von Berlin. Dreieinhalb Jahre ist er nicht mehr dort gewesen. Er will alles wissen.

Und sie liebt seine Neugier, sein genaues Zuhören, seinen großen Blick, sein Nachfragen, seine schnellen Urteile, böse, überraschend und genau. Sie kennt seine Bücher, *Hiob, Radetzkymarsch,* sie schätzt sie sehr und staunt, dass er im Gespräch ein ebenso guter, ja fast noch besserer Erzähler ist als in seinen Büchern. Niemand weiß, was von seinen Geschichten erfunden ist, was wirklich erlebt. Er erzählt einfach gerne und besonders gerne dieser sonnengebräunten Irmgard Keun, die der alte Kisch da mitgebracht hat. Sie sagt später, sie habe nie zuvor und nie danach einen Mann mit so großer sexueller Anziehungskraft kennengelernt wie Joseph Roth. An diesem Abend. Im *Café Flore.* Am liebsten würde sie sofort mit ihm gehen, egal wohin. Nur weiter zuhören und erzählen. Bei ihm sein. Und trinken.

Auch das verbindet sie von Anfang an. Sie sehen das sofort, sie sind beide erfahrene Trinker, Trinkkünstler, gewandt vor allem auch in der Begründungskunst. Warum das Trinken notwendig ist, zum Leben und zum Schreiben. »Man muß ja nur eine Zeitung aufmachen, und es kommt einem idiotisch vor, daß man überhaupt noch schreibt«, erklärt Irmgard Keun in einem Brief an Arnold Strauss einmal das Trinken, grundsätzlich. »Man muß diesen Gedanken und das Wissen um kommende Sintflut, Krieg usw. verdrängen, wenn man schreiben will. Man kann sonst nicht schreiben. Dazu braucht man Alkohol. Es kommt dabei nur darauf an, gut und weise zu trinken. Ein Künstlerberuf ist nun mal unrettbar, unentrinnbar von Stimmungen abhängig.«

Endlich ein Mensch, der mich versteht. Denkt Roth. Denkt Keun. Einer, mit dem man hemmungslos trinken kann, der weiß, dass es anders nicht auszuhalten ist, dass man mit Abstinenz vielleicht das Leben langfristig verlängert, es aber kurzfristig und jetzt und heute ganz unmöglich macht. Hinzu kommt, dass Roth in Ostende die ganze Zeit sein Gewissen an seiner Seite hat. Stefan Zweig, der ihn mit aller Macht vom Trinken abhalten will. Wenn er zu ihm ins Bistro kommt, trinkt Roth Milch. Um sich die Vorwürfe zu ersparen und um sich durch diesen übertriebenen Gehorsam über Zweig lustig zu machen. Zweig ist wie eine Mutter zu ihm. Er sieht, dass es Roth umbringen wird, dass es sein Schreiben zerstört, sosehr sich Roth auch einredet, dass das Trinken seine Kunst überhaupt erst ermöglicht. »Ich kann mich nicht im Literarischen kasteien, ohne körperlich auszuschweifen«, hatte er mal an Zweig geschrieben. Roth ist Alkoholiker im weit fortgeschrittenen Stadium. Seine Beine und Füße sind stark angeschwollen, er passt kaum noch in irgendwelche Schuhe hinein. Seit Jahren muss er sich jeden Morgen übergeben, manchmal stundenlang. Er isst beinahe nichts. Essen gehen in einem Restaurant hält er für eine exzentrische Geldverschwendung, die nur einem reichen Mann wie Stefan Zweig einfallen kann. Der versucht ihn trotzdem Tag für Tag zu einer Mahlzeit zu überreden. In diesem Sommer in Ostende sogar immer öfter mit Erfolg.

Egon Erwin Kisch ist eigentlich immer umgeben von seinen kommunistischen Kampfgenossen. Sie besprechen die politische Lage wie Feldherren, beraten neue Strategien im Kampf gegen den europäischen Faschismus, planen Kongresse, Komitees, Aufrufe. Willi Münzenberg ist der charismatische Führer ihres Kreises. Er war in der Weimarer Republik der kommunistische Pressezar von Deutschland, er hatte ein ganzes Imperium an Tageszeitungen, Wochenzeitungen und Illustrierten gegründet, die in Millionenauflage erschienen. Er besaß Zeitungen in der ganzen Welt, allein neunzehn Tageszeitungen in Japan, eine russische Filmproduktionsfirma. Willi Münzenberg war die Verkörperung der kommunistischen Öffentlichkeit gewesen. Jetzt, nach dem Verbot aller deutschen und vieler seiner Publikationen in anderen Ländern der Welt, ist er der mächtige Chef der Westeuropäischen Agitprop-Abteilung der Komintern. Er ist kein Intellektueller, alles andere als das. Er ist ein Bär, ein Schrank, in seiner Jugend hat er als Schuster gearbeitet. Er ist ein Arbeiter, kommt aus einer Arbeiterfamilie, spricht ein breites Thüringisch. Er beteiligt sich nicht an Kämpfen um die Parteilinie, nicht an Intrigen. Er ist Pragmatiker, Propagandist. Wenn er auftritt, schweigen alle anderen, schweigen Erzherzöge, Bankiers und sozialistische Minister. Wenn er schleichend einen Raum betritt, ist es, als bräche er durch die Wand. Und seine Mitarbeiter suchen furchtsam in seinem Gesicht nach Anzeichen für die Stimmung des Tages. Er ist ein charismatischer Menschenführer, ist immer umgeben von seinen engsten Mitarbeitern, den drei Musketieren. Das sind der Sekretär Hans Schultz, Emil, der Chauffeur, und Jupp, sein Leibwächter. Man trifft ihn eigentlich nie ohne die drei.

Willi Münzenberg hat den ganzen Tag Ideen, die nur so aus ihm hervorsprudeln. Hans Schultz ist meist bis tief in die Nacht beschäftigt, diese Ideen aufzuschreiben, Aufträge zu vergeben, Aufrufe zu schreiben. Schultz ist ein großer, lahmbeiniger, diskreter, verhuschter Mann. Münzenberg liefert Leitsätze, Schultz muss ausführen. Arthur Koestler hat einmal aufgeschrieben, wie so ein Auftrag formuliert wurde: »Schreib an Feuchtwanger. Sag ihm, Artikel erhalten und so weiter. Sag ihm, wir brauchen eine Broschüre von ihm; wir werden zehntausend Exemplare davon nach Deutschland schmuggeln; über die Rettung des kulturellen Erbes und so weiter, überlaß ihm den Rest, Grüße und Küsse. Dann, kauf ein Buch über Meteorologie, Hans, studier die Hochs und Tiefs und so weiter, find heraus, wie der Wind über den Rhein bläst, wie viele Flugzettel, Kleinformat, wir an einem Luftballon befestigen können, in welcher Gegend in Deutschland die Luftballons vermutlich landen werden und so weiter. Dann, Hans, setzt du dich mit ein paar Luftballonfabrikanten in Verbindung, sag ihnen, es handelt sich um Export nach Venezuela, verlang Kostenvoranschläge für zehntausend Ballons. Dann, Hans ...« Und Hans wirbelt. Kein Vorschlag, den er nicht befolgt. Dafür sorgt auch Willis Katzenpfote, wie sie ihn nennen: Otto Katz, oder auch André Simone, wie er sich hier im Exil nennt. Münzenbergs Adjutant, Botschafter des unsichtbaren Willi, sein Gesicht in der Welt und vor allem: seine Stimme. Er spricht zahlreiche Sprachen, Münzenberg nur Thüringisch, er ist ein exzellenter Journalist, Münzenberg überhaupt nicht. Wenn es darum geht, im Namen Münzenbergs bei reichen Sympathisanten in der ganzen Welt Spenden zu sammeln, ist Otto Katz der Mann vor Ort. Er vollstreckt Münzenbergs Propaganda-Strategie: Wer Geld für eine Sache gibt, fühlt sich dieser zugehörig und innerlich verbunden. Je mehr Geld einer gibt, desto enger ist das Band. So reichen Münzenbergs Verbindungen bis weit in das liberale Bürgertum hinein.

Katz ist der ideale Mann, in der Welt für seinen Chef und für die Bewegung zu wirken. Charmant, klug, humorvoll, mit einem weichen Gesicht, etwas verschlagen, immer geistreich parlierend. Wenn er raucht, schließt er das linke Auge. Das wird mit der Zeit zu einer Marotte, und bald schließt er es auch ohne Zigarette, beim Nachdenken. Er kommt aus Prag, war an Erwin Piscators Bühne am Berliner Nollendorfplatz Direktor, türmte Steuerschulden auf und war völlig pleite und wollte sich verzweifelt das Leben nehmen, als er auf Münzenberg traf, der ihn bei einer seiner Zeitungen anstellte. »Ich habe ihn aus dem Landwehrkanal gefischt«, sagt Willi Münzenberg gerne, wenn man ihn fragt, wie er Katz kennengelernt habe.

Zu dem Kreis gehört auch jener 1905 in Budapest geborene Journalist Arthur Koestler. Er hat von Münzenberg Geld bekommen, um in Bredene bei Ostende eine Fortsetzung des *Braven Soldaten Schwejk* zu schreiben. Und er schreibt und debattiert und beobachtet Münzenberg und seine Mitarbeiter. Er sieht ihre Eifersüchteleien, er ahnt auch, dass Otto Katz über seinen Vorgesetzten Berichte nach Moskau schickt. Münzenberg ist nicht gut gelitten bei den Ideologen der Partei, nicht bei den Deutschen Ulbricht und Pieck, den Ultraorthodoxen, den Linientreuen. Sie alle arbeiten an seinem Sturz. In der Zentrale in Moskau sieht man seine Unabhängigkeit mit großem Misstrauen. Münzenberg ahnt, dass sein Sturz bevorsteht, er ahnt auch, dass Katz ihn bespitzelt, aber er braucht ihn. Allerdings verbirgt er seinem Adjutanten gegenüber nicht, wie sehr er ihn verachtet.

Arthur Koestler wird das später alles aufschreiben. Auch er ist damals eigentlich schon zu unabhängig für die Partei, zu jüdisch vielleicht auch. Früh Zionist geworden, zog er in den Zwanzigerjahren voller Enthusiasmus ins Heilige Land, musste sich aber schon bald als Limonadenverkäufer in Haifa durchschlagen, kehrte ernüchtert nach Berlin zurück, ging als Reporter für Ullsteins *B. Z. am Mittag* auf Reisen durch die Sowjetunion, in den Vorderen Orient und flog mit dem Luftschiff über die Antarktis. Seinen ersten großen Bucherfolg hatte er vor zwei Jahren, 1934, mit dem ersten Band eines Sexuallexikons errungen. Jetzt im Exil ist er aber trotzdem abhängig vom Wohl der Partei und von ihrem Geld.

Wenn Roth zu der Gruppe dazustößt, tut er so, als bemerke er die Kommunisten an Kischs Tisch gar nicht. Auch wenn sie über den Monarchisten spotten, ist es so, als höre er sie gar nicht. Roth hat nur Ohren und Augen für Kisch, den er wahnsinnig gerne mag. Seinen Humor, seine Warmherzigkeit, Ehrlichkeit. Von nicht vielen Leuten lässt sich Joseph Roth wegen seiner Kaisersehnsucht auslachen. Von Kisch gerne. Ja, auch wenn er keine Lust auf Witzbolde gehabt hat, diesen Sommer – Kisch macht es ihm leicht, ihn zu lieben. »Nun, Sepp« – er nennt Joseph Roth tatsächlich Sepp. Er ist der Einzige, der das darf –, »was macht dein Kaiser in Steenokkerzeel? Trägt er zum Frühstück seine Krone?« erkundigt er sich nach dem exilierten Thronfolger. Und Roth entgegnet freundlich, würdig, ruhig: »Ja, eine unsichtbare Krone.«

*

Dann melden die Zeitungen die Ermordung des monarchistischen Oppositionsführers José Calvo Sotelo in Spanien am 13. Juli, erste Offiziere revoltieren, und am 17. Juli bricht, unter der Führung des faschistischen Generals Francisco Franco, der Aufstand gegen die demokratisch gewählte Volksfrontregierung in Spanien aus. Von da an ist Kischs Tisch ein menschenwimmelndes kommunistisches Kampf- und Informationsbüro. Der Spanische Bürgerkrieg, das ist ihnen allen klar, wird ein

Experimentierfeld kommender Kriege in Europa sein, eine Schlacht zwischen den Ideologien, zwischen den Mächten Europas. Wie wird Nazideutschland reagieren? Wie das Italien Mussolinis? Wie die Sowjetunion? Was bedeutet es für die neu gewählte Volksfront-Regierung in Frankreich?

Und vor allem: Wie kann man die europäischen Länder, die nichtfaschistischen Länder, zum Eingreifen an der Seite der spanischen Regierung animieren? Arthur Koestler ist der Erste, der unbedingt nach Spanien will. Und zwar sofort. Münzenberg wiegelt ab. »Was willst du da? Im Schützengraben. Was soll uns das nützen?« Außerdem müsse er ihm eine Mitteilung machen. Die Partei sei gerade nicht an einem Schwejk-Buch interessiert. Er könne das Schreiben sein lassen. Koestler ist das egal. Er will nach Spanien. Er habe noch einen Presseausweis von der ungarischen Zeitung *Pester Lloyd,* damit komme er vielleicht ins Land. Münzenbergs Augen leuchten plötzlich. Das klinge allerdings sehr gut. Ungarn sei schließlich ein halbfaschistisches Land. Das sei sehr, sehr gut. Und er habe auch schon eine viel bessere Idee für ihn als den Schützengraben. »Du gehst in Francos Hauptquartier und siehst dich da ein wenig um«, sagt er mit einem behaglichen Lächeln. Das Ziel: Beweise zu finden für eine deutsche und italienische Intervention zugunsten Francos. Und Koestler macht sich auf den Weg.

Joseph Roth interessiert das alles nur am Rande. Die elektrisierte Kampfbereitschaft ist ihm fremd. Aber auch um sein Österreich steht es in diesen Wochen schlechter denn je. Am 11. Juli hat sein Vaterland mit Nazideutschland ein Abkommen geschlossen. Oder ist das etwa eine gute Nachricht? Ist es ein geschickter Schachzug des Schuschnigg-Regimes, sich dauerhaft vom wachsenden Einfluss des neuen Deutschland zu schützen? Joseph Roth macht sich keine Illusionen. Es ist ein weiterer Schritt auf dem Weg zum Anschluss Österreichs an Nazideutschland, ein weiterer Schritt Richtung Untergang. Das Abkommen sieht eine Amnestie für inhaftierte Mitglieder der in Österreich verbotenen NSDAP vor, die Aufhebung des Verbots einiger deutscher Zeitungen, außerdem verpflichtet sich die Schuschnigg-Regierung, zwei Nationalsozialisten, einen als Minister und einen anderen als Staatssekretär, in die Regierung aufzunehmen. Der österreichische Kanzler versucht durch dieses Abkommen die österreichische Souveränität dauerhaft zu bewahren. Dabei öffnet er den Deutschen nur die Tür ein bisschen weiter. Er ist nicht der erste und nicht der letzte Politiker, der glaubt, dass man Adolf Hitler durch Zugeständnisse dauerhaft befrieden könne. Es ist – ein Zeichen der Schwäche. Und niemand sieht das so angstvoll und genau wie zwei Österreicher am belgischen Strand. Und einer von beiden, in engen Offiziershosen, sieht es besonders klar.

Er ist gleich zu ihr gezogen, nur wenige Tage nachdem sie sich im *Café Flore* zum ersten Mal gesehen haben. Er lebt mit ihr im *Hôtel de la Couronne,* mit Blick auf die Segelboote und den Bahnhof. Die anderen können es nicht glauben. Diese junge, braun gebrannte, lebensfrohe Frau und der vertrunkene Roth? Wie kann das sein? Und wohin führt das? »Sie versucht ihm das Trinken abzugewöhnen und er, es ihr anzugewöhnen. Ich glaube er gewinnt«, sagt Kisch. Und Stefan Zweig ist ungläubig, aber froh zunächst, weil er ja sieht, wie es den alten Freund belebt und auf die Füße stellt und wie es ihm hilft, über die Trennung von Manga Bell hinwegzukommen. Aber dann ist er eben auch der besorgte Bruder, der sieht, dass Roth, wenn er mit Keun zusammensitzt, die Schnapsmengen noch einmal mächtig erhöht. Denn das Schnapsverbot, von dem es hieß, dass es in Belgien herrsche, ist für kundige Trinker wie Keun und Roth leicht zu umgehen.

Keun beschreibt es so: »Leider sind die Getränke in Belgien im Allgemeinen große Scheiße. Kein Wunder, wenn man sich vergiftet in einem Land, in dem Schnaps verboten ist. Ich bitte Dich, was soll man trinken? Das Bier ist hier Scheiße. Wein kommt nur in Frage, wenn er ganz teuer ist. Die süßen Aperitifs ekeln einen nach dem vierten Glas und machen außerdem Kopfweh. Natürlich habe ich Lokale, in denen ich Schnaps bekomme. Wahnsinnig teuer ist er immer, einigermaßen gut fast nie. Man müßte als Schriftsteller so viel verdienen, daß man zumindest in den letzten 8–9 Wochen der Romanarbeit täglich 1–2 Flaschen *anständigen* trockenen Champagner trinken könnte. Da hätte man in dieser Scheißzeit die richtige Arbeitsstimmung und würde nicht krank.«

Als Irmgard Keun diesen Brief an ihren Geliebten nach Amerika schickt, ist sie mit dem Grantl-, Schimpf- und Hasskönig des Exils, mit Joseph Roth, schon seit einem Monat zusammen. In diesen Wochen haben sie vor allem viel und laut gelacht, so lange, bis ihnen beiden die Tränen kamen. Am liebsten machen sie sich über Stefan Zweig lustig, über seine Gutartigkeit, seinen naiven, durch nichts zu erschütternden Glauben an das Gute im Menschen, seine Menschenliebe. »Das kann nicht echt sein«, sagt Roth immer wieder, obwohl er es so viel besser weiß.

Zweig führt ihn zu einem guten Schneider und lässt ihm eine neue Anzughose machen. Der Schneider weigert sich, den von Roth geforderten engen Offiziersschnitt zu schneidern, aber Roth ist mit dem Ergebnis trotzdem sehr zufrieden. Als er aber am nächsten Tag mit Irmgard Keun und Hermann Kesten auf dem Marktplatz an einem wie ein Bierfass aussehenden Bistrotisch sitzt, bestellt er drei Gläser Likör und leert eines nach dem anderen über seinem Rock aus, unter heftigem Beifall seiner Freundin, erinnert sich Hermann Kesten später. »Was machen Sie da?«, fragt ihn Kesten. »Ich bestrafe Stefan Zweig«, erwidert Roth. »So sind die Millionäre! Führen sie uns schon zum Schneider, so vergessen sie, uns zu den Hosen auch einen Rock zu kaufen!« Drei Tage später lässt Stefan Zweig ihm dann auch noch einen Rock anfertigen. »Er ist ein Genie«, sagt Zweig zu Kesten. »Ein Genie wie Verlaine, wie Villon!« Und Roth ist stolz auf den neuen Rock und dass er sich gegenüber Zweig nicht demütig gezeigt hat.

Auch über Kesten lässt sich gut lachen. Über seine schlechten Bücher. Und über seinen großen Bauch und den Glauben, dass ihn, wenn er ihn nur immer unter dem Bistrotisch einklemmt, niemand bemerken wird. »Brillanten-Hermann« nennt ihn Roth, wenn Kesten nicht da ist, da er mit seiner Schwester früher ein Diamantengeschäft betrieben habe. Roth zumindest beharrt darauf, auch wenn außer ihm niemand davon je etwas gehört hat. Das einzige außerliterarische Geschäft, in dem Hermann Kesten je gearbeitet hat, ist der Trödelladen seiner Mutter.

Kesten hat zwei Jahre zuvor eine Geschichte über Ostende geschrieben und in der von Klaus Mann geleiteten Exil-Zeitschrift *Die Sammlung* veröffentlicht. Eine Unheilsgeschichte inmitten einer belgischen Sommer-Idylle: »Indes zag am Ende des Himmels der erste Stern aufblitzte, grünlich schimmernd, und am Rande des Horizontes, rauchatmend, der Dampfer aus England heranfuhr, gruben der Badegast und der Juwelier die Tote aus dem Sande. Sie verweste schon, aber die Kleider waren noch hübsch und neu und hatten unter dem Sand gelitten. Der Körper der Leiche war schlank und wohlgebaut, nur ihr Gesicht sah grauenhaft aus, grün und blau, in den Farben des Ozeans schillernd. Das Maul aber, weitgeöffnet, war voll rieselndem hell glänzenden Sand, einem erstickten Schrei gleich, den man in den Stein grub.«

Hermann Kesten erzählt den Mord an dieser Frau, es ist die Lehrerin Adrienne, Tochter eines frommen Schneiders aus Ostende, minutiös und grauenvoll. »Ihr Tod mag grausig gewesen sein, Stoff für Zeitungen, doch ihr Leben war schlimmer.« Er erzählt von ihrer großen, enttäuschten Liebe, von ihrer Vergewaltigung in den Dünen von Bredene, wie sie eingegraben wird, wehrlos im Sand, wie kurz darauf zwei Unschuldige schuldig gesprochen und getötet werden, wie ein junger Knabe, Paul, dies hätte verhindern können, aber schweigt. Wie dann später der wahre Täter und zwei Mittäter ebenfalls schuldig gesprochen und gehängt werden. Kesten erzählt von den Lichtern der Fischerboote, die früh am Morgen in die Nacht hinaus aufs offene Meer fahren, er erzählt vom Tanzlokal *Mexiko,* der Ausgelassenheit, den bunten Lampions im Juli, von den Schreien der Möwen, von jenem Jungen, der nur schweigen will und zusehen, was geschieht. Und endet so: »Es bleibt nur noch zu berichten, daß jener Knabe Paul, dessen sonderbare Laune zwei braven Biedermännern den Kopf gekostet hatte, daß jener Knabe Paul, heute schon 15 Jahre alt, bereits sehr schöne Verse

schreibt, die ein recht angenehmes poetisches Talent ver-
sprechen.

Der Appetit des Knaben ist gut. Sein Schlaf ist ruhig.
Seine Schulzeugnisse sind im ganzen zufriedenstellend. In
warmen Sommernächten, besonders wenn es Vollmond
ist, liegen die Liebespaare gerne am Fuß jener Düne, wo
man die schöne Adrienne fand, erstickt, den offenen
Mund voll Sand, einem plastischen Schrei gleich.«

Der Strand von Ostende, die Dünen von Bredene,
Dichter, die vom Morden schweigen, Liebespaare im Sand
und ein erstickter Schrei. Kesten hat der Emigrantenstadt
am Strand ein literarisches Denkmal des Grauens gesetzt.
Und die Dichter kamen jeden Sommer wieder.

*

Endlich sind auch die Tollers da, aus London gekommen, mit dem Schiff von Dover direkt hierher. Wo sie
auftauchen, sind sie Sterne, umleuchtet von Schönheit
und Ruhm. Der Sozialist und seine Göttin, so nennt man
sie. Die Schauspielerin Christiane Grautoff ist strahlend
schön und unglaublich jung. Vor ein paar Tagen stand
sie noch in London auf der Bühne, als Rachel, in Tollers
Stück *No more Peace,* das W. H. Auden übersetzt hatte. Sie
bekam gute Kritiken, sie liebte ihr Leben als Schauspielerin in London. Ernst Toller ist in ganz Europa als Dramatiker und als Vorkämpfer der Revolution berüchtigt.
Er war der gefeierte Dramatiker der Weimarer Republik,
der Volkstribun der Münchner Räterepublik, der für seine
Revolutionsführerschaft mit fünf Jahren in Festungshaft

büßen musste. Der sich davon nicht brechen ließ, nicht in seinem dichterischen Elan, nicht in seiner revolutionären, seiner kämpferischen Emphase. In London hatte er am 19. Juni als Präsident der Internationalen Schriftstellervereinigung zur Verteidigung der Kultur aus Anlass der Eröffnung ihres Kongresses eine Rede gehalten. Er hatte gerufen: »Nein, niemand kann den Kämpfen der Gegenwart entfliehen, und besonders nicht in einer Zeit, in der der Faschismus die Lehre vom totalen Staat zum Gesetz erhoben hat. Der Diktator verlangt vom Schriftsteller, daß er das gefügige Sprachrohr der herrschenden Anschauung werde. Dieser Anspruch der Diktatoren hat ein Gutes: Er führt uns zur Selbstbesinnung, er lehrt uns, geistige Werte, die wir, weil sie oft mißbraucht wurden, unterschätzt haben, wieder zu schätzen.« Es ist auch seine persönliche Erfahrung, die er politisch deutet, wenn er ruft: »Erst wer die Freiheit verloren hat, lernt sie wahrhaftig lieben.« Und er schloss mit einem Bekenntnis, das die Lehre seines Lebens, die Aufgabe seines Lebens zusammenfasst: »Wir lieben die Politik nicht um ihrer selbst willen. Wir nehmen heute teil am politischen Leben, aber wir glauben, daß es nicht der geringste Sinn unseres Kampfes ist, die künftige Menschheit von dem trostlosen Interessenstreit, der heute ›Politik‹ genannt wird, zu befreien. Wir kennen die Bedingtheiten unseres Schaffens. Wir sind Pflüger, und wir wissen nicht, ob wir Erntende sein werden. Aber wir haben gelernt, daß ›Schicksal‹ eine Ausrede ist. *Wir* schaffen das Schicksal! Wir wollen wahr sein und mutig und menschlich.«

An Ernst Toller richten sich viele kampfesmüde Emigranten immer wieder auf. An seiner Klarheit, seinem hellen Blick, seiner Weigerung aufzugeben, seinen wiederholten Appellen an den Kampfesmut, den Optimismus der Ausgewanderten. Und seine Ansprachen, seine Ermutigungen wirken auch deshalb so überzeugend, weil er sie vor allem an sich selbst richtet. Ernst Toller leidet unter schweren Depressionen, ist lebensmüde, pessimistisch bis zur Selbstaufgabe. Seine Geliebte und seit letztem Jahr seine Ehefrau Christiane wird später davon erzählen. Dass sie ihm auf seinen Reisen immer einen Strick ganz oben in den Koffer packen musste. Damit ihm der Ausgang jederzeit offenstand.

Äußerlich war das Leben der beiden unter den Emigranten eines der glanzvollsten. Im Sportwagen waren sie im Frühjahr an der Côte d'Azur entlanggerast, von Ort zu Ort, nur nirgends länger bleiben. Ernst Toller hat immer wieder lange Phasen, in denen er nicht schreiben kann, überhaupt nichts, in denen er sich vor einem weißen Blatt quält und im Auto vor der Leere flieht. »Dann rasten wir die Küste auf und ab. Nach Monte Carlo, wo ich fünfhundert Francs im Casino gewann und dachte, ich hätte die Bank gesprengt. Wen sahen wir in Nizza? Ich weiß es nicht mehr. ET raste herum aus Unglück und ich mit ihm.«

Als Ernst Toller Christiane kennenlernte, im Sommer 1932, war sie vierzehn Jahre alt. Und damals schon ein Star, Wunderkind nannte man sie, hatte mit Fritz Kortner Theater gespielt, einen Film mit Henny Porten gedreht und war in dieser Saison der gefeierte Star in Max Reinhardts legendärer Inszenierung des *Sommernachtstraums* und in

Kästners *Emil und die Detektive.* Der Kritiker Alfred Kerr schrieb über sie: »Kind, wenn Du erst ahnen wirst, was Du da sagst.« Aber vielleicht ahnte sie damals schon eine ganze Menge. Jedenfalls besuchte sie regelmäßig den fast vierzigjährigen Dramatiker Ernst Toller zu Hause, der sich die Wohnung mit dem Freund und Kiepenheuer-Verleger Fritz Landshoff teilte. Toller fragte ihn damals etwas verlegen, ob er nachmittags zu Hause sei, er erwarte Besuch. Der beruhigte ihn, nein, er sei im Verlag. Und als Landshoff später die Treppen hinunterstieg, kam ihm »ein sehr junges, sehr blondes, sehr liebliches Mädchen« entgegen, das ihm bekannt vorkam. Am Abend erzählte ihm Toller, dass Christiane Grautoff ihn besucht habe. Sie schrieb später darüber: »ET und ich hatten eine sehr seltsame Beziehung zueinander. Sie war völlig platonisch. Erstens war ich wirklich noch minderjährig, und zweitens hatte ET Angst vor Jungfrauen. Wir hatten lange Gespräche über sein Leben, über mein Leben, seine Gedanken und meine Gedanken. Ich schwamm in seinen Gedichten herum wie in einem Teich, dessen Wasser undurchsichtig war und auf dem Seerosen schwammen, die ich ab und zu pflückte.«

1933 sollte sie in dem NS-Propagandafilm *Hans Westmar* mitspielen. Sie lehnte ab und ging mit Ernst Toller ins Exil. Als sie gerade achtzehn geworden war, im Mai 1935, heirateten sie in London.

Wo immer sie mit ihm hinkommt, werden die Schriftsteller beinahe verrückt beim Anblick ihrer Jugend und Schönheit. Arnold Zweig soll ihr in Nizza sogar nachts durchs Fenster hinterhergeklettert sein. »Das muß sicher schwierig für den Armen gewesen sein, da er erstens zu dick und zweitens zu blind war, um irgendwo hinein- oder hinauszusteigen«, meint Christiane Grautoff später. Von dem abendlichen Emigranten-Palaver hält sie nichts: »Es wurde diskutiert, und manchmal lasen sich die Dichter ihre Verse oder Stücke vor. Ich strickte alle meine Meinungen in schöne Angorapullover für ET. Ich hatte viel zu sagen, hauptsächlich, daß alle zu alt und langweilig waren und immer dasselbe von sich gaben und bestimmt nie recht haben würden. Sie hatten es aber oft, dann strickte ich etwas schneller und verstrickte mich ein bißchen.«

Aber sie ist glücklich, hier zu sein, am Strand zusammen mit Gisela Kisch und Irmgard Keun, begeisterte Schwimmerinnen alle drei. Und an guten Tagen schwimmt Ernst Toller mit, sportlich stolz, und er schwimmt weit hinaus, immer weiter und weiter, sodass Christiane um sein Leben fürchtet.

Er lässt sie sonst nur selten aus den Augen, ist unglaublich eifersüchtig. Außerdem fürchtet er um ihre Zartheit, ihre Unbedarftheit, ihren unbedingten Glauben an das Gute. Er verbietet ihr zum Beispiel, mit Erika Mann zu sprechen. Sie sei verdorben, sagt er. Mit Klaus Mann darf sie dagegen sprechen, ist sogar mit ihm befreundet. Die Geschwister Mann sind in diesem Sommer aber ohnehin nicht in Ostende, bis vor wenigen Tagen sind sie mit ihren Freunden Annemarie Schwarzenbach und Fritz Landshoff im Sportwagen durch Spanien gefahren, haben auf Mallorca am Strand gelegen, dort, wo später in diesem Sommer Bomben fallen werden. Sonst sind die zwei Manns eigentlich immer dabei, wenn sich mehr als drei Emigranten an einem Strand treffen. Und sind dann meist ebenso schnell wieder weg, wie sie gekommen sind.

Die zweite Person, vor der Toller seine Frau ausdrücklich gewarnt hatte, ist allerdings da. Doch die Situation scheint dem besorgten Dramatiker aktuell unbedrohlich. Später schreibt Christiane: »Joseph Roth durfte ich kennenlernen, obwohl er ein Sadist war, aber da er schon sein Opfer, eine himmlisch schöne Frau, hatte, sah ET keine Gefahr für mich. Er beschützte mich und lehrte mich, hinter die Fassaden der Menschen zu sehen.«

Joseph Roth – ein Sadist? Egon Erwin Kisch drückt es in diesem Sommer einmal lachend so aus: »Der Sepp erwartet von den Frauen ja immer eine gewisse Unterwerfung.« Doch da hat sich Roth mit Irmgard Keun die falsche ausgesucht: »Wir fahren durch die Nacht, alle Lichter fahren schwebend mit. Mein Kopf liegt in Franz' Schoß. Ich muß mich schwächer zeigen, als ich bin, damit er sich stark fühlen und mich lieben kann.« Das hat sie in Ostende in ihrem Roman *Nach Mitternacht* geschrieben. Sie ist eine junge, starke Frau und schlau. Und die Passage aus ihrem Roman, die passt eigentlich auf die meisten Frauen, die zu dieser immer weiter wachsenden belgischen Sommergruppe gehören. Sich schwächer zeigen, als sie sind, damit die Männer sich stark fühlen können, das trifft auch auf die stille Lotte Altmann zu, auf Gisela Kisch, die weise strickende Christiane Grautoff sowieso, und auch Willi Münzenbergs Frau Babette, aus großbürgerlichem Haus in Potsdam stammend, schön und kühl und patrizisch, dialektfrei Hochdeutsch sprechend, beobachtet ihren thüringischen Bären oft mit feiner Ironie im Blick, wäre aber nie auf die Idee gekommen, einer seiner schnellen, lauten Thesen und Forderungen zu widersprechen.

Wieder einmal sitzen sie alle im *Flore*, diese Gesellschaft der Stürzenden, die in diesem Sommer noch einmal versucht, sich als eine Art Urlaubsgesellschaft zu fühlen. Noch einmal versucht, eine Sorglosigkeit zu simulieren. Was ist es letztlich anderes als eine große, lange Urlaubsreise, auf der sie sich seit Jahren befinden? Fern der Heimat, mit Freunden unterwegs, in Paris, Nizza, Sanary-sur-Mer, Amsterdam, Marseille, Ostende. Und irgendwann eben wieder zurück. Nur wann? Diese Frage wird, je drängender sie ist, umso weniger gestellt. Mit jedem weiteren Tag, den dieser Urlaub andauert, wird eine Rückkehr unwahrscheinlicher. Alle wissen es. Aber man spricht nicht darüber. Es herrscht Pflicht zum Optimismus. Den Strick hat man im Koffer, darüber wird nicht geredet.

Auch an diesem Tag bemühen sich alle, nicht sofort über Politik zu reden, nicht sofort die Unheilsnachrichten des Tages zu besprechen. Aber es hilft nichts. Es gibt einfach kein unpolitisches Thema.

Egon Erwin Kisch versucht es mit Sport. Und das heißt

in diesen Tagen vor allem: Max Schmeling. Kisch kennt ihn schon lange und bewundert ihn. Am Scharmützelsee bei Berlin waren sie Nachbarn, bei vielen seiner Kämpfe war Kisch dabei, aus der Ferne hat er in letzter Zeit beobachtet, wie sich Schmeling weigert, sich auf Druck des Naziregimes von seiner tschechischen Ehefrau zu trennen und von seinem jüdischen Manager Joe Jacobs. Und Kisch hat natürlich alles über den Kampf am 16. Juni in New York gelesen und geht den Tischgenossen mit seiner Bewunderung seit Tagen schon auf die Nerven. Wie Schmeling den »Braunen Bomber« Joe Louis auf die Planke gestreckt habe. Und vor allem, wie er Amerika schon vor Kampfbeginn mit seinem kühnen, kühlen Satz über eine Schwäche seines Gegners beeindruckt habe. »I have seen something.« Das ist das Schmeling-Understatement, das Kisch so liebt. »Ha! Ich habe etwas gesehen! Als wenn ich ihn vorher beraten hätte«, ruft Kisch. »Bescheidenheit, Selbstsicherheit und Geheimnis, alles in einem Satz! Max ist einer von uns.« Und er erklärt noch einmal allen am Tisch, was genau Max gesehen hat: dass Joe Louis nämlich direkt nach einem Angriff seine Linke leicht hängen lässt. Und dass diese kurze Lücke den entscheidenden Raum für einen Angriff bietet. Nach zwölf Runden ging der als unschlagbar geltende Joe Louis zu Boden, und Kisch ahmt den entscheidenden Schlag, so wie er ihn sich vorstellt, gerne nach. »Und jetzt wirbt er in Amerika für die Olympiade der Verbrecher«, ruft Kesten ihm zu, als Kisch noch mitten im Schwung ist. Und schon sind sie wieder bei diesem Thema. Das sind in diesen Tagen die beherrschenden Nachrichten aus Berlin: die Vorbereitungen auf die Olympischen Spiele. Die ganze Welt wird zu Gast sein in der deutschen Hauptstadt. Das Regime ist schon seit Wochen dabei, sich zu verkleiden, das hässliche Gewand der Fremden- und Judenfeindlichkeit abzulegen und sich als ziviler Staat der internationalen Freundlichkeit zu präsentieren. Alle »Für Juden verboten«-Schilder wurden entfernt. »Und habt ihr das gehört?« fragt Toller. »*Der Stürmer* wird seit Wochen zensiert. Und zwar nicht, um regimefeindliche Äußerungen zu tilgen, sondern antisemitische Passagen.« »Sehr gut! Dann verkaufen sie jetzt weißes Papier!« höhnt Roth und lacht bitter.

In Wahrheit ist das der Kern ihrer Angst: dass sich die Welt täuschen lassen wird, in diesem Sommer in Berlin. Dass es Goebbels gelingen wird, die Welt von den friedfertigen Absichten des Naziregimes zu überzeugen. Die Welt einzuschläfern und ihren Glauben an die Harmlosigkeit Deutschlands zu bestätigen. Gerade erst hat England verkündet, seine militärische Hochseeflotte verkleinern zu wollen. Der Völkerbund hat die Sanktionen gegen Italien, die in der Folge des Abessinien-Konflikts verhängt worden waren, aufgehoben. Mussolinis Italien feiert. Und mit ihm Deutschland.

Die Welt will schlafen, um in Frieden zu leben. Und die kleine Ostende-Gruppe hasst ihre Machtlosigkeit, hasst sie bis zur Verzweiflung.

Über jene Nachricht, die sie Anfang des Monats aus Genf gehört haben, schweigen sie lieber. Der jüdisch-tschechische Journalist Stefan Lux hat sich während der Generalversammlung des Völkerbundes in Genf das Leben genommen. Vor dem voll besetzten Plenum. Um gegen die Tatenlosigkeit des Bundes und der Welt angesichts der Verbrechen in Deutschland zu protestieren. Die Reaktion war ein kurzes Entsetzen, leichter Widerwille gegen diesen Fanatismus, Schulterzucken und Weitermachen. Abrüsten, verhandeln und sich auf die Olympiade in Berlin vorbereiten. Es ist grauenvoll. Auch ein Selbstmord als Fanal ist dieser Welt egal. Nein, über Stefan Lux will in diesem Sommer lieber keiner sprechen.

Mit Etkar André liegt die Sache etwas anders. Vor allem die Kommunisten, allen voran Kisch, hatten die Berichterstattung über seinen Prozess genau verfolgt. André ist Kommunist, 1894 in Aachen geboren, dann, nach dem frühen Tod seines Vaters, in Belgien in einem Waisenhaus aufgewachsen. Er gehörte in der Weimarer Republik zum engsten Kreis um Ernst Thälmann, er war ein beliebter Arbeiterführer in Hamburg. Nach dem Reichstagsbrand wurde er verhaftet, genau wie Kisch. Doch anders als Kisch blieb André in Haft und ist es noch. Der Vorwurf: Hochverrat und versuchter Mord an einem SA-Mann in Hamburg. Die Beweislage ist lächerlich dünn, außerdem sind im Vorfeld der Olympischen Spiele schon zahlreiche ausländische Journalisten im Land, die den Prozess aufmerksam verfolgen und ausführlich berichten. Keiner hier in Ostende hat mit seiner Verurteilung gerechnet. Das Todesurteil ist ein Schock. Für alle.

Dieser Moment, in dem sie von dem Todesurteil erfahren, ist eine jener Situationen, in denen der Zynismus schweigt, die Gegnerschaft schweigt. Wie auch nach dem Tod von Stefan Lux. Es sind diese Momente, in denen sie sich ihrer Machtlosigkeit bewusst sind, der Übermächtigkeit des Gegners. Bleicher Hass und Angst und die Hoffnung auf Rache eines Tages, das ist es, was die Fliehenden in diesen Tagen empfinden. Sie alle haben das Schlusswort von Etkar André vor Gericht gelesen. Das Pathos, den Stolz, die Selbstgewissheit eines Gläubigen, der sich unschuldig weiß: »Ihre Ehre ist nicht meine Ehre, denn uns trennen Weltanschauungen, uns trennen Klassen, uns trennt eine tiefe Kluft. Sollten Sie hier das Unmögliche möglich machen und einen unschuldigen Kämpfer zum Richtblock bringen, so bin ich bereit, diesen schweren Gang zu gehen. Ich will keine Gnade! Als Kämpfer habe ich gelebt, und als Kämpfer werde ich sterben mit den letzten Worten: ›Es lebe der Kommunismus!‹«

Was gibt es darüber zu reden? Keiner von ihnen zweifelt daran, dass das Urteil auch vollstreckt werden wird. Wie im Grunde auch keiner daran zweifelt, dass überhaupt alles schlecht ausgehen wird. Man darf seine Mutlosigkeit nur nicht zeigen. Defätismus ist ein Verbrechen, hier am Meer.

Also lästert man lieber gemeinsam. Und je später der Abend wird, desto freudiger wird gelästert und gespottet. Zum Beispiel über Klaus Mann. Schön, dass er mal nicht da ist. Wie peinlich war die Ankündigung seines neuen Romans in der *Pariser Tageszeitung*. Vor allem Kesten kann sich gar nicht beruhigen vor Lachen: Auf der ersten Seite in der Ausgabe vom 20. Juni hat die Redaktion den Vorabdruck des *Mephisto* angekündigt. Die ganze Exilgemeinde hatte ja vorher schon Bescheid gewusst, dass Mann einen Roman schrieb, in dem er seinen früheren Schwager Gustaf Gründgens nur wenig verhüllt als opportunistischen Prototypen der Gegenwart gezeichnet hatte. Aber dass das Buch nun von der *Tageszeitung* unter der Überschrift »Schlüsselroman« angekündigt und mit dem Namen Gründgens auch schon gleich der Schlüssel mitgeliefert werde, das war dann doch etwas peinlich. Und dass Klaus Mann auf Drängen seines Freundes und Verlegers Fritz Landshoff die Peinlichkeit dann noch durch ein Widerspruchs-Telegramm ins Riesenhafte vergrößerte, das lädt sie alle zu Hohn und Spott ein. »Mein Roman ist kein Schlüsselroman. Held des Romans ist eine erfundene Figur ohne Zusammenhang mit bestimmten Personen. Klaus Mann.« Erst einen so offensichtlichen Racheroman zu schreiben, es vor dem Erscheinen reißerisch zu verkünden und dann hilflos zu dementieren – das ist zu viel naive Dreistigkeit für die erfahrenen Dichter hier am Tisch des *Flore*. Dabei mögen sie ihn eigentlich alle, den eifrigen, empfindlichen, schönen Sohn von Thomas Mann. Aber er schreibt seine Bücher eben ein wenig zu schnell, er lässt sich zu schnell zu einer Begeisterung hinreißen. Ein Brausekopf, ein Kämpfer, aber über das Pathos seiner Bücher und vor allem des *Mephisto,* der immer noch in der Pariser Exilzeitung abgedruckt wird, darüber lästern sie hier einfach zu gern. Und nur Stefan Zweig mahnt den entfesselt spottenden Kesten, es seinem Freund Mann doch einfach mal persönlich zu sagen.

Das wird er nicht tun. Zweig weiß wohl auch warum. Denn dass Kesten jetzt so spottet über das Ungeschick des Freundes, das liegt vor allem daran, dass es eigentlich sein Buch ist, das Klaus Mann da geschrieben hat. Alles, die Idee, die Geschichte, das Personal, das alles hat Kesten

Klaus Mann vor einem guten halben Jahr als Buchstoff vorgeschlagen. Und dieser hat es in rasender Geschwindigkeit aufgeschrieben, viel zu schnell natürlich wieder, meint Kesten, halb missbilligend, halb neidisch. Er kann es nicht fassen, wie eilig Mann die Geschichte aufs Papier geworfen hat. Und dass er jetzt, mit seinem Übermut, seiner Gleichgültigkeit, seiner gut gemeinten Naivität den Erfolg des Ganzen infrage stellt.

Am 15. November 1935 hatte Kesten Klaus Mann aus Amsterdam Folgendes geschrieben: »Da mir Landshoff sagte, Sie suchten nach einem neuen Stoff für Ihren neuen Roman, und da ich selbst für mich, für meinen neuen Roman, hin und her überlege, so überlegte ich mir – für mich – dieses und jenes und kam an eine Sache, von der ich glaube, daß ich sie sehr schlecht und Sie sie sehr gut machen könnten. Um es kurz zu machen, meine ich, Sie sollten den Roman eines homosexuellen Karrieristen im Dritten Reich schreiben, und zwar schwebte mir die Figur des von Ihnen künstlerisch (wie man mir sagt) schon bedachten Staatstheaterintendanten Gründgens vor. (Titel: »Der Intendant«) Dabei denke ich nicht daran, dass Sie eine hochpolitische Satire schrieben, sondern – fast – einen unpolitischen Roman, Vorbild der ewige ›Bel Ami‹ von Maupassant, der schon Ihrem Onkel das köstliche ›Schlaraffenland‹ entdecken half. Also keine Hitler und Göring und Goebbels als Romanfiguren, kein Agitprop, keine kommunistischen ›Wühlmäuse‹, keine Münzenbergiaden, aber doch – etwa – auch die Ermordung dieses Berliner Schauspielers, dessen Name mir jetzt gerade nicht einfällt. Das Ganze im ironischen Spiegel einer großen versteckten, freilich spürbaren Leidenschaft. ... Im ganzen: Der Hauptstadt erzählt, wie man Intendant wird.

Ich glaube, solch ein Stoff könnte Ihnen sehr gelingen und könnte durch die Dritte-Reich-Sphäre auch größere Chancen bieten. Ich sprach mit Landshoff darüber, und er ist gleichfalls meiner Meinung.«

Jetzt, nachdem Zweig ihn zur Ordnung gerufen hat, erzählt Hermann Kesten der ganzen Runde, woher Klaus Mann den Stoff und die Idee für dieses Buch bekommen hatte. Und wann.

Das animiert Joseph Roth wiederum dazu, der versammelten Runde die Geschichte zu erzählen, wie er auf Drängen Kestens dessen ersten Roman für die *Frankfurter Zeitung* rezensierte. Roth las ihn, fand ihn nicht besonders gut und vor allem unverständlich. Er schrieb das auf, gab den Text vor der Veröffentlichung Kesten zum Lesen. Die letzten beiden Sätze lauteten: »Ich verstehe den Roman nicht. Vielleicht ist Kesten ein großer Humorist.« Kesten strich den vorletzten Satz, aus dem letzten Satz tilgte er das Wort »vielleicht«. So sei es doch viel besser, sagte er zu Roth. Und der ließ den Text dann in Kestens Wunschversion erscheinen.

»Wo wärst du heute ohne diesen Text, Hermann?« ruft Roth in die Runde und lacht. Alle lachen mit. Sie wissen, dass kaum ein zweiter Schriftsteller so gute Kontakte zu den Rezensenten der Weimarer Republik hat und kaum einer sie so intensiv nutzt wie Kesten. Und sie wissen, dass Joseph Roth eigentlich nur sehr wenig liest, aber umso mehr rezensiert. Er muss nicht lesen, er erzählt Geschichten um

die Bücher herum und fügt ein ihm irgendwie passend er-
scheinendes Urteil hinzu. Gern schreibt er auch über seine
eigenen Bücher. Wenn er besonders gut gelaunt ist, auch
mal einen Verriss.

In diesen Tagen liest er gerade wieder etwas. Nicht um
darüber zu schreiben, sondern weil es ein Buch ist, das
seiner Weltsicht entspricht: Aldous Huxleys *Brave New
World*. Es ist schon vor vier Jahren erschienen, auf Englisch und auf Deutsch unter dem Titel *Welt – wohin?* Und
Roth nervt die Tischrunde regelmäßig mit laut vorgetra-
genen Zitaten aus dem Buch über die normierte Überwa-
chungswelt der Zukunft. »Die Embryofabrik! Der neue
Mensch! Geschlechtsreif mit vier, mit sechseinhalb voll
erwachsen! Ein Triumph der Wissenschaft!« Roth lacht
bitter und wiederholt die immer gleichen Stellen.

»Sepp! Lass gut sein! Wir wissen Bescheid!« versucht
ihn Kisch zu bremsen. »Dein Huxley ist doch ein reaktio-
närer Stümper! Chaplin ist das Genie unserer Zeit!« Und
jetzt redet Kisch drauflos. Er erzählt von seinem Besuch
bei Chaplin, wie ihm dieser in seinem privaten Vorführ-
saal alle Filme gezeigt hatte, die Kisch noch nicht kannte,
wie er seine Hand auf Kischs Knie legte und im Halbdun-
kel des Vorführsaals in Kischs Gesicht nach Spuren der
Zustimmung, nach Begeisterung forschte. »Wie unsicher
er war. Und stolz zugleich«, ruft Kisch. Und erzählt von
Chaplins neuem Meisterwerk, dem Film *Modern Times,*
die meisten aus der Gruppe haben ihn im Kino in Paris
schon gesehen. Nur Roth natürlich nicht. Er hat gleich,
als Kisch wieder damit angefangen hat, das Gesicht verzo-
gen. Kino! Das ist der Antichrist! Der Teufel! »Moderne

Zeiten! Dass ich nicht lache!« höhnt er. Aber Kisch lässt sich nicht stören, er erzählt von der Fütterungsmaschine am Fließband, stellt pantomimisch nach, wie Charlie, wie er ihn nennt, in die Maschine hineingerät, oder Charlies Sprung im Badeanzug ins flache Wasser. Das ist Kischs Meisterstück. Die Runde im *Flore* liegt fast am Boden vor Lachen. Und selbst Roths Mundwinkel zucken.

Ja, Roth hasst das Kino, auch wenn er Zweig immer wieder auffordert, sich bei seinem amerikanischen Agenten für die Verfilmung seiner Bücher einzusetzen. Er braucht das Geld, und niemand zahlt so viel und schnell wie Hollywood. Den *Hiob* haben sie schon verfilmt. Roth hat ihn sich nicht angeschaut, aber Zweig hat ihm davon erzählt, und er berichtet es jetzt der ganzen Runde, dass die Verfilmung zum Brüllen sei. Man habe die Geschichte einfach zu einem amerikanischen Rührstück gemacht. »Sie müssen sich das noch ansehen, Roth! Sie werden nichts wiedererkennen! Aber es ist herrlich!« »Gar nichts werde ich«, erwidert er.

So geht der Abend dahin. Eine Flasche Verveine nach der anderen wird gebracht, die Stimmung ist ausgelassen, aber auch gereizt. Man hat das Gefühl, es reiche ein falsches Wort, um die Stimmung hier am Tisch explodieren zu lassen. Kisch doziert noch ein wenig über *Modern Times,* der Held sei natürlich nicht Charlie, der Held seien die modernen Zeiten, die Ausbeutung der Arbeiter, die Überwachung aller, der Kapitalismus Amerikas als Feind. Und sie reden über den Generalstreik in Frankreich und in Belgien. Hier am Strand merkt man davon beinahe nichts, aber das Land liegt lahm. Hunderttausend kommen seit

Wochen nicht zur Arbeit, in Frankreich schon seit Anfang Juni. »Sie werden triumphieren!« ruft Kisch. Urlaubsanspruch, 40-Stunden-Woche, mehr Lohn. Es sieht wirklich so aus, als würde die geballte Gewerkschaftsmacht den Staat und die Industriebetriebe in die Knie zwingen. »Bezahlter Urlaub! Was glaubt ihr, was hier dann los ist, im Sommer?« ruft Kesten. »Man kann doch jetzt schon kaum noch gehen in diesem Urlaubsgetümmel.« Roth und Zweig und die Frauen lachen. Kisch findet es weniger komisch. Er solle seinen Zynismus für sich behalten. Für ihn und seinen Bauch finde sich immer noch ein Platz irgendwo.

Jetzt ist Kesten beleidigt. Sein Bauch gehe nur ihn etwas an, und von ihm aus könnten alle Belgier und Franzosen hier Urlaub machen, solange Thomas Mann nicht komme. Und da sind sich alle einig, in ihrer spöttischen Ablehnung. Anfang des Monats hatte Mann auf der Europäischen Amnestiekonferenz in Brüssel eine Rede verlesen lassen. Sie war nicht schlecht, die Rede, das bestätigen eigentlich alle. Sie war klar und eindringlich. Ein Appell an die Machthaber in Deutschland, die Tore der Gefängnisse zu öffnen und alle politischen Gefangenen freizulassen. Allerdings hatte er hinzugefügt, dass die Welt dann erkennen werde, dass in Deutschland nicht Willkür, sondern der Geist regiere. »Er ist wirklich verrückt! Welcher Geist denn wohl?« fragt Toller. Sie nehmen es Thomas Mann übel, dass er so lange gezögert hat, bis er sich eindeutig zu den Exilanten bekannte. Dass er so lange versucht hat, es sich mit den Machthabern in Deutschland nicht zu verderben, um den deutschen Markt nicht zu verlieren. Alle hier haben ihn ja lange schon verloren. Als Letzter Stefan Zweig, der sich als Einziger nicht am Spott beteiligt. Es ist Joseph Roth, der von dem Gerücht erzählt, Thomas Mann sei in einem Bericht über den Kongress als Jude bezeichnet worden, und habe dies doch tatsächlich öffentlich dementieren lassen. Was für ein feiger Mensch! Und Roth sagt, dass der Dichter des *Zauberbergs,* der immer nur um Ausgleich und Neutralität bemüht sei, einfach den falschen Namen trage: »›Mann‹ – was für ein Mißverständnis. Ich habe ihn immer nur als ›Es‹ empfunden.«

Dann empören sie sich über das Ende der wichtigsten deutschsprachigen Tageszeitung der Exilanten, des *Pariser Tageblatts,* das am 14. Juni eingestellt wurde. Wie wenige Publikationsmöglichkeiten gibt es noch für sie, in ihrer Sprache zu schreiben. Ja, es hat schon lange Konflikte gegeben zwischen dem Verleger und Finanzier Wladimir Poljakow und der Redaktion und vor allem dem Chefredakteur Georg Bernhard, der in der Weimarer Republik Chefredakteur der *Vossischen Zeitung* gewesen war. Bernhard und die Redaktion haben schließlich dem Verleger vorgeworfen, er kollaboriere heimlich mit den Nationalsozialisten. Sie haben geschlossen das Blatt verlassen und eine neue Zeitung, die *Pariser Tageszeitung,* gegründet. Alle hier in Ostende und auch die Emigranten in Paris wissen, dass der Vorwurf absurd ist. Es wurde eine Untersuchungskommission gebildet, die den Vorwürfen nachgehen soll. Jeder weiß, dass man nichts finden wird. Aber die Zeitung mit einer Auflage von immerhin 14 000 verkauften Exemplaren gibt es nicht mehr. Die neue, in der zurzeit der *Mephisto*-Vorabdruck läuft und auch Thomas

Manns Rede abgedruckt wurde, muss zunächst ohne Geldgeber auskommen. Und mit wesentlich weniger Lesern.

Gibt es denn ausschließlich schlechte Nachrichten? Ist es zum Beispiel eine schlechte Nachricht, dass der Verleger Gottfried Bermann-Fischer in Wien einen neuen Verlag gegründet hat und den alten S. Fischer Verlag unter Peter Suhrkamps Leitung in Deutschland zurücklässt? Am 15. Juli hatte er »dem geehrten Buchhandel die Begründung eines neuen Verlagsunternehmens« angekündigt. Mit all den Autoren des alten Fischer Verlages, die in Deutschland unmöglich geworden sind, darunter Alfred Döblin, Alfred Kerr, Jakob Wassermann, Carl Zuckmayer und vor allem Thomas Mann. Noch ein Exilverlag! Noch mehr deutschsprachige Literatur für den winzig kleinen Markt für deutsche Bücher im Ausland. Nein, auch über diese Nachricht ist hier niemand wirklich glücklich.

Die Stimmung bleibt bedrückt, gereizt, kurz stößt noch der Filmemacher Géza von Cziffra zu der großen Runde dazu. Er fährt zwischen Berlin und Paris und Brüssel hin und her. In der ohnehin von Misstrauen vergifteten Atmosphäre ist er nun auch nicht gerade der Mann, der den beklommenen Kreis aufheitern kann. Aber Kisch mag ihn, und wegen Kisch ist er gekommen. Auch Cziffra beschäftigt sich, wie fast alle hier, mit einem historischen Stoff, er plant einen Film über Kaiser Maximilian. Und Kisch behauptet, er selbst sei der Neffe des Leibarztes jenes Kaisers. Er erzählt von dem abenteuerlichen Plan des Kaisers Franz Joseph, seinen Bruder, den Erzherzog Maximilian, in Mexiko zum Kaiser krönen zu lassen, um ihn so zu einem Verzicht auf alle Rechte eines Erzherzogs von Österreich zu bewegen. Roth hört interessiert, doch mit wachsendem Misstrauen zu. Dann reicht es ihm: »Verbreite doch nicht so einen Unsinn, Egonek! Franz Joseph hätte nie derart gegen seinen eigenen Bruder gehandelt!« »Ja, gegen seinen Bruder vielleicht nicht«, entgegnet Kisch, aber er wisse, dass Maximilian in Wahrheit ein Enkel Napoleons sei, der ein heimliches Verhältnis mit der Erzherzogin Sophie, Gattin des Erzherzogs Franz Karl, hatte. Roth ist erstarrt, blickt seinen Freund entsetzt an, schreit ihm ins Gesicht: »Pfui! Dreimal Pfui!«, springt auf und stürzt grußlos davon. Irmgard Keun eilt ihm hinterher. Und dann löst sich der ganze erstarrte Kreis der Emigranten langsam auf, und sie alle verschwinden ruhigen Schrittes schweigend in die Nacht.

Irmgard Keun liebt Joseph Roth und sie schaut so tief in ihn hinein wie sonst niemand. Sie weiß, dass sie beide in diesem Sommer vor allem aus Einsamkeit zusammengefunden haben, sie liebt ja seine Einsamkeit und Traurigkeit und seinen Wunsch, sie immer und ganz und vollkommen an seiner Seite zu haben. Nachts, wenn sie nebeneinanderliegen, wühlt er manchmal tief, ganz tief die Hände in ihre Haare hinein, wie aus Angst, dass sie plötzlich verschwinden könnte, in der Dunkelheit. Und am Morgen, nachdem sie ihre Haare langsam aus seinen schmalen weißen Händen befreit hat, hält sie seinen Kopf, wenn er sich übergeben muss, stundenlang. Sie kennt inzwischen alle seine Bücher. Er kennt keins von ihren. Aber er treibt sie an zu schreiben, unermüdlich. An Arnold Strauss schreibt sie, dass sie »die reinste Schreibolympiade« veranstalten, Roth und sie, jeden Tag. Sie arbeitet rasend schnell, und wenn sie am Abend ihre Seiten zählen, hat er doch meist wieder mehr als sie. Und wenn sie einmal müde ist, nicht aufstehen will, nicht ins Bistro zum Schreiben, lässt er ihr das nicht durchgehen. Sie sei keine Frau, sondern ein Soldat, eine Schriftstellerin mit einer Aufgabe in der Welt. Da gebe es kein Ausruhen und keine Pausen. Schreiben, das ist eine heilige Pflicht. Pausen sind Sünde, so sieht er das. Das ist das Gesetz seines Lebens. Und Irmgard Keun ist bereit, unter diesem Gesetz zu leben, eine Weile lang.

Sie liebt seine Gabe, über sich selbst zu lachen, über seine Ungeschicklichkeit und Tollpatschigkeit als Soldat, sein unheldisches Leben. Aber sie lernt bald, dass das keineswegs bedeutet, dass sie diese Geschichten später lachend wiederholen darf. Er ist ungeheuer verletzlich, ja wehleidig, und nicht einmal Irmgard Keun kann erahnen, was ihn kränken wird. »Er war so verletzbar, daß er sich auch mir gegenüber einer Maske bedienen mußte«, erzählt sie später Roths Biographen David Bronsen.

So hat sie ihn gesehen: Er ist im Persönlichen und im Kleinen so, wie er im Politischen und Großen ist. Sein Verstand ist klar und scharf, und er sieht alles ganz genau, den eigenen Untergang und den seiner Welt, und natürlich sieht er auch, dass sein Monarchismus eine Chimäre ist, ein Kinderglaube, eine süße Lüge, die er sich selbst Tag für Tag erzählt, um das Leben auszuhalten und die Klarheit und das Wissen. Dafür wird einer doch Schriftsteller, dass er die Welt anders sehen kann, anders wünschen kann, anders beschreiben kann, als sie ist und als sie sein wird.

Irmgard Keun hat alles über ihn gewusst: »In seinen Büchern versenkte Roth sich gern in die Welt der alten österreichischen Monarchie – in eine Welt, von der er mit verzweifelter Anstrengung und Inbrunst glauben wollte, daß sie ihm – zumindest früher einmal – Heimat des Denkens und Fühlens war. Doch er wußte, daß er ewig heimatlos war und sein würde. Alles, was seinem Wesen nahekam – Menschen, Dinge, Ideen –, erkannte er bis in die verborgenste Unzulänglichkeit hinein und bis in jene Kälte, die auch den lebendigsten wärmsten Atem einmal erstarren macht. So suchte er denn nach Welten, die ihm wesensfremd waren und von denen er hoffte, daß sie ihm unerkennbarer und wärmend bleiben würden. Doch was seiner rastlos schaffenden Phantasie gelang, zerstörte ihm immer wieder sein bitterböser Verstand. Er hätte den Teufel gesegnet und Gott genannt, wenn er ihm geholfen hätte, an ihn zu glauben. Zuweilen sah er sich selbst in geisterhaft leerem Raum zwischen Rationalismus und Mystik, gelöst von der Wirklichkeit und das Unerreichbare nicht erreichend und wissend dabei, daß es nicht zu erreichen war. Er war gequält und wollte sich selbst loswerden und unter allen Umständen etwas sein, was er nicht war.«

Am leichtesten geht das beim Schreiben. »Kaninchen, ich hab a' scheene Erfindung«, ruft er zu seiner Freundin hinüber an ihren Tisch. Er lächelt kurz und ist schon wieder in seiner Erfindung verschwunden. Vieles, was er schreibt, geht direkt zurück auf Dinge, die er hier sieht, über die sie sprechen. Nachdem er sie aufgeschrieben hat, kann Irmgard Keun sie kaum noch wiedererkennen, »seine sekundenschnell reagierende Phantasie hatte sie in etwas anderes verwandelt«. Und er hat immer gute Ideen, literarische Ideen, aber auch in praktischen Lebensfragen. Als Irmgard Keun klagt, dass sie nicht wisse, wie sie von ihrem nazitreuen Ehemann in Deutschland die Einwilligung zur Scheidung, gegen die er sich sträubt, erlangen könne, hat Roth die Idee, sie solle ihm einfach auf einer Postkarte mitteilen, sie schlafe hier in Belgien mit Juden und Negern. Dann erledige sich die Sache ganz von selbst. Roth hat gerne gute Ideen, und er glaubt nach wie vor, dass er die besten dem Schnaps verdanke. »Wenn du willst, zeige ich dir in jedem meiner Bücher die guten Stellen, die ich einem guten Calvados verdanke«, hatte er Soma Morgenstern einmal gesagt. Leider hatte er da seine Bücher gerade nicht dabei.

Am liebsten dichtet er seiner Freundin ins Gesicht. Er habe so wunderschöne lange Wimpern, sagt sie einmal zu ihm. Und er daraufhin: Ja, das wisse er. Und das komme daher, dass er vor langer Zeit unter einer Augeninfektion gelitten habe, dabei kurzzeitig erblindet sei und ihm alle Wimpern ausgerissen werden mussten. Bei diesem Vorfall habe er in einer Schar von blinden Männern endlos im Kreis umhergehen müssen, wobei er manchmal an die Wand taumelte. Es wird zwar nicht restlos klar, wieso seine nachgewachsenen Wimpern dadurch so dicht und lang geworden sind, aber es ist immerhin eine schöne Geschichte.

Stefan Zweig erzählt über Roth gerne eine einige Jahre zurückliegende Frühlingserinnerung an eine Begegnung mit einer schönen Verlegerehefrau. »Wie gut steht Frau Kiepenheuer der Maimorgen«, hatte Zweig sie charmant gerühmt. Daraufhin Roth: »Sie haben sie noch nicht an einem Septemberabend gesehen.« Darauf Zweig, geschlagen: »Da sieht man, was für ein großer Dichter Sie sind.«

Joseph Roth ist vor allem dann besonders charmant,

wenn Irmgard Keun nicht damit rechnet. Dass sie das deutsche Schwarzbrot hier vermisse, hat sie ganz ohne Hintergedanken gesagt. Doch dann beobachtet Roth ein Droschkenpferd, dem sein Besitzer Schwarzbrot zu fressen gibt. Und Roth verfolgt das Paar so lange, bis er eine halbe Stunde später freudestrahlend mit einem Laib Schwarzbrot vor der Geliebten steht.

Wenn sie schreiben – und sie schreiben ja beinahe immer –, sitzen Keun und Roth an getrennten Tischen. Sie am Fenster, er ganz hinten im Bistro. Er kann die Sonne nicht ausstehen. Seine Augen, seine geschwollenen Füße, seine Haut, sein Anzug, der ganze Mann ist nicht für die Sommersonne gemacht. Sie sitzen in Rufweite voneinander entfernt. Misstrauisch jeder den anderen beobachtend, wer schneller vorankommt. Und wer mehr trinkt.

Ihr gemeinsamer Schreibtag beginnt mit der Lektüre des Horoskops im *Paris Soir*. Und er endet um 17 Uhr mit der Ankunft Stefan Zweigs. Er geht, kurz grüßend, an ihrem Tischchen vorbei, ins hintere dunkle Eck, zu seinem Freund.

Am Anfang begegnet Irmgard Keun ihm distanziert, schreibt nach Amerika: »Stefan Zweig ist ein feiner Mann, ganz und gar samtig, triefend vor Güte und Menschenliebe. Ich kann weder mit ihm noch mit seinen Büchern was anfangen.« Die beiden sind sich herzlich fremd. Es kommt aber noch etwas anderes hinzu: Eifersucht auf diesen Mann, der so etwas wie die Rolle einer treu sorgenden Ehefrau im Chaos des Lebens von Joseph Roth eingenommen hat. Und Scham. Sie will ihren geliebten Dichter nicht in Abhängigkeit von diesem anderen sehen. Sie will nicht, dass Zweig sich Roth gegenüber überlegen fühlen darf. Sie will nicht, dass sich ihr brillanter Roth von Zweig aushalten lässt. So wird nach und nach beinahe eine Feindschaft daraus, und mit diesen feindlichen Augen sieht sie Roths besten Freund bald so: »Er wirkt sehr dekorativ. Ganz so wie ein Kinobesucher sich einen berühmten Schriftsteller vorstellt. Weltmännisch, elegant, gepflegt mit sanfter Melancholie im Blick. Mit liebevoller Innigkeit sprach er von Wien und malte in anmutigem Pastell die Bilder seines Lebens, das bereits angefangen hatte, leise und unaufhaltsam in Verwesung überzugehen.«

Wenn Roth über Zweig spottet, dann aus Selbstverteidigung, aus dem Bemühen heraus, seine Selbstachtung nicht zu verlieren, auch nicht hier, im neuen Anzug, bezahlt vom Geld des großen Freundes. Er trägt es am eigenen Leibe, jeden Tag, dieses Geschenk, Symbol der Unterlegenheit in der Welt des Geldes. Joseph Roth schreibt darüber in seinen Büchern. Über den Glanz, die Notwendigkeit des Geldes und die Einfachheit des Lebens in einer Welt, in der das Geld nie ausgeht und die dummen Menschen da draußen dem Erzähler den Respekt entgegenbringen, den er verdient.

So auch in seinem eigentlich gerade fertig geschriebenen Buch, dessen zweite Hälfte er in der dunklen Ecke des belgischen Bistros noch einmal umschreibt: *Beichte eines Mörders, erzählt in einer Nacht.* Es ist die Geschichte von Golubtschik, der in großer Armut und ohne Vater aufwächst, irgendwo in den Wäldern der Heimat Joseph Roths. Sein eigentlicher Erzeuger ist der reiche, ferne, leidenschaftliche Fürst Krapotkin, der von diesem Sohn, Frucht einer längst vergessenen Leidenschaft, nichts weiß und nichts wissen will. Golubtschik kämpft sein Leben lang um Anerkennung, wird ein erbarmungsloser Spitzel der russischen Geheimpolizei, verfällt der herrlichen Lutetia, folgt ihr nach Paris, liebt das Geld, ist süchtig nach Glanz und neuen Kleidern: »Ich brauchte alle diese äußerlichen Bestätigungen, als da sind: Kleider für mich und für Lutetia, die Untertänigkeit der Schneider, die mir Maß nahmen, im Hotel, mit behutsamen Fingern, als wäre ich ein zerbrechlicher Götze; die kaum den Mut hatten, meine Schultern und meine Beine mit dem Zentimetermaß zu berühren. Ich brauchte, eben weil ich nur ein Golubtschik war, alles, was einem Krapotkin lästig gewesen wäre: den Hundeblick in dem Auge des Portiers, die servilen Rücken der Kellner und Bedienten, von denen ich nichts anderes zu sehen bekam als die tadellos rasierten Nacken. Und Geld, Geld brauchte ich auch.«

Es ist Stefan Zweig, mit dem er die zweite Hälfte der *Beichte* noch einmal überarbeitet. Er liest ihm vor und übergibt dem Freund die Seiten im ersten Entwurf. Die Zusammenarbeit mit Zweig führt zu so vielen Umarbeitungen, dass Roth aus Ostende an seinen Verleger Walter Landauer schreiben muss, dass »ab Seite 65 viel geändert« worden sei, dass auf den letzten zwei Bogen die wichtigsten Änderungen enthalten seien und der Schluss ganz neu geschrieben wurde. Er schreibt nicht, wem er diese Änderungen zu verdanken hat, fügt aber hinzu, dass Stefan Zweig auch da sei und ihn, Landauer, gern sehen würde. Roth weiß, wie wichtig der umsatzstarke und ver-

110

bindungsreiche Zweig für Landauer und den notorisch klammen Verlag Allert de Lange ist, und er lässt die Möglichkeit eines solchen Treffens wie nebenbei, bewusst lässig, in seinen Brief mit einfließen. Landauer antwortet eilig: »Es wäre gut, wenn ich bereits Mittwoch Herrn Stefan Zweig sprechen könnte.«

Es ist unwahrscheinlich, dass Stefan Zweig gleich am Mittwoch Zeit für Walter Landauer hatte. Er hat hier am Meer in diesem Sommer eigentlich für gar nichts Zeit. Das heißt: für alles. Ihn erreichen kaum Briefe, das heißt: kaum schlechte Nachrichten, keine Bettelbriefe, keine Angriffe, nicht wegen *Castellio,* nicht wegen seiner verlassenen Ehefrau, dem verlassenen Haus auf dem Kapuzinerberg, keine Angriffe wegen zu großer politischer Zurückhaltung, keine wegen zu großer Angriffslust. Ruhe hat er sich gewünscht, hier oben in dem alten Sommerort seines Lebens, nichts als Ruhe, für sich, Ruhe für seine Arbeit.

Wie hatte er an Lotte geschrieben? »Wir würden dort einfach leben.« Hatte aber im selben Brief hinzugefügt, wen er da erwarte, zur Begleitung für das ›Einfach so leben‹ am Strand: »Sie plus Maschine.« Ja, ein wenig herzlos klang das schon, in seinem Brief Ende Juni an die immer noch heimliche Geliebte, als er schrieb, er werde sich dann telegraphisch mit ihr in Verbindung setzen, »damit Sie plus Maschine 1 oder 2 Tage später herüberkämen«.

Und als er dann am 3. Juli von Ostende aus schriftlich letzte Reiseanweisungen an Lotte nach London durchgab, wiederholte er unter Punkt 4.), was mitzubringen sei: »Die Maschine natürlich.« Zweig wollte vor allem arbeiten. So reiste ihm nicht nur die Sekretärin und Geliebte Lotte Altmann nach, auch der Freund und Lektor Emil Fuchs hatte versprochen nachzukommen. Vor einigen Tagen ist er aus Salzburg eingetroffen, um Zweig zu helfen, den zweiten Novellenband, der im Herbst in seinem neuen Verlag Reichner erscheinen sollte, zusammenzustellen.

Fuchs ist lange schon Zweigs Lektor, mit den Jahren hat sich eine enge Arbeitsfreundschaft entwickelt, und die beiden Männer teilen eine stille Leidenschaft: das Schachspiel. Schachfuchs wird der Lektor deshalb von allen genannt. Und wenn Zweig abends nicht mit Roth zusammensitzt, dann meist mit Fuchs, stundenlang, Zigarre rauchend, schweigend, vor einem Schachbrett.

*

Zweig hat also ein ganzes Schreibbüro dabei. Und er arbeitet hier so gut und effektiv wie lange nicht mehr. Um den Novellenband kümmert sich Fuchs weitgehend selbstständig, während Zweig zwei *Sternstunden der Menschheit*-Miniaturen schreibt, eine über die Eroberung von Byzanz, eine andere über Lenins Fahrt im versiegelten Zug durch Deutschland nach Russland im Jahr 1917.

Beides fällt ihm leicht, Material hat er vorher gesammelt, und die Geschichte von Byzanz ist so etwas wie ein Nebenprodukt der großen Geschichte, an der er gerade schreibt und für die er, mehr denn je, die Hilfe Joseph Roths benötigt: »Ich arbeite an jener Novelle«, hatte er zwei Monate vor der Abreise nach Ostende an Roth geschrieben.

»Es ist vielmehr eine Legende, eine jüdische, von mir über eine ganz schmale historische Grundlage hoch und breit gebaut. Ich glaube, sie wird gut, so schwer ich solches auch ausspreche. Im Stilistischen bin ich nicht ganz sicher. Da brauche ich Ihre Nachschau.« Doch es ist nicht nur Stilistisches, worin Zweig in diesem Falle unsicher ist. Es ist Religiöses, oder eher Rituelles. Ende Juni schreibt er an Roth: »Es wäre ein Glück für mich, Sie als literarisches Gewissen für jene Legende dort zu haben. Wir könnten abends gemeinsam uns prüfen und belehren wie in alten guten Zeiten.« Die Novelle, an der Zweig schreibt, wird später unter dem Titel *Der begrabene Leuchter* erscheinen. Es ist die Legende des siebenarmigen Leuchters, der von Jerusalem nach Babylon wandert, von dort zurückkommt, dann durch Titus nach Rom gelangt, von den Vandalen geraubt und nach Karthago, nach Belisar, und schließlich weiter nach Byzanz gebracht wird. Bis ihn Justinian nach Jerusalem zurückbringt, jedoch zu einer christlichen Kirche, woraufhin der Leuchter für immer verschwindet. Es ist die Geschichte der ewigen jüdischen Wanderung, die Stefan Zweig in Ostende weiterschreiben und beenden will. Die Geschichte der Menora, des siebenarmigen Leuchters, als Geschichte jüdischer Vertreibung und Heimatlosigkeit und der nie versiegenden Hoffnung, dass eines Tages das ewige Wandern ein Ende haben wird. Er könne jetzt nur Dinge schreiben, »die Bezug haben auf die Zeit und von denen etwas Bestärkendes ausgeht«, hatte er an Roth geschrieben. Doch eigentlich ist es eine Geschichte der Hoffnungslosigkeit und Traurigkeit. Immer aufs Neue geht der Leuchter verloren. Zweig erzählt die Geschichte aus der Perspektive des Juden Benjamin Marnefesch, der als Knabe dem ersten Raub still und verzweifelt zusieht, als die Sklaven der Vandalen die Schätze der Stadt Rom auf ihre Schiffe schaffen. Beim Versuch, einem der Sklaven die Menora zu entreißen, wird sein Arm zerschmettert, er stürzt, die Menora scheint für immer verloren: »Weiß lief Schaum über den Kiel, rauschend glitt es dahin, schon hob und senkte sich sein brauner Leib auf den Wellen, als ob es atmete und lebte, und mit geblähten Segeln steuerte die Galeone von der Reede aus geradewegs in das offene, unendliche Meer.«

Benjamin Marnefesch wird ein Greis sein, wenn sich sein Schicksal und das der Menora vollendet. Es ist etwa am Ende des ersten Drittels des Buches, als sich die Juden Roms am Tage des neunten Ab, am Tage der Zerstörung des Tempels, auf dem jüdischen Friedhof versammeln, um in den *Kimin,* den Klageliedern, zu lesen, gemeinsam zu beten, zu klagen und an den Tag zu erinnern, da die Juden der Welt heimatlos geworden waren. Am Ende dieses Tages werden die Juden erfahren, dass der Leuchter erneut geraubt wurde, diesmal von Belisar, und hinübergeschafft worden ist nach Byzanz. Nur einer wird bei dieser Nachricht leise lächeln: Benjamin, der Erlesene der Gemeinde, ahnt, dass in dieser schlechten Nachricht womöglich der Kern einer guten steckt.

Und diese Passage will Stefan Zweig nicht gelingen. Vielleicht, weil es ihm an Anschauung fehlt, an eigener Erinnerung, an Erfahrung, Teilnahme oder an geschichtlichem Material.

Zweig geht mit Roth in das italienische Restaurant *Almondo* in der Langestraße, in dem er seinen Freund immer wieder zum Essen überreden kann. Der Wirt Joseph Almondo ist stolz auf seine beiden Gäste, bewirtet sie immer selbst. Und nach dem Essen trinken sie sogar gemeinsam einen Schnaps, Verveine, zur Verdauung, wie Almondo zur Freude Joseph Roths betont.

Am Nachmittag kann Zweig Roth überreden, sich ausnahmsweise mit Lotte und ihm ein wenig auf die Terrasse des Bistros zu setzen, an die Luft, in den Wind, in die Sonne. Lotte hat den Fotoapparat dabei, sie lacht und bittet die beiden Freunde einmal kurz zusammenzurücken, nur für ein Foto. Eigentlich reicht es Roth ja schon, dass er sich hier die Sonne auf den Kopf scheinen lassen muss, aber er hat keine rechte Lust, sich zu wehren, an diesem schönen Tag. Er schaut also etwas skeptisch, beinahe kampfeslustig in Lottes Linse, spöttisch zieht er die rechte Augenbraue ein wenig nach oben. Er ist nicht eitel, es ist ihm gleichgültig, dass das Haar auf der Stirn dünn und etwas zerzaust, die bunt gestreifte Fliege leicht zerdrückt ist. Immerhin, der neue schwarze Rock sitzt perfekt. Und wohin jetzt mit den Händen? Unsicher hält er sich ein wenig am Tisch fest, legt die Hand mit den nikotingelben Fingern, zwischen denen eine fast aufgerauchte Zigarette klemmt, neben das halb volle Glas Weißwein, während Zweig näher rückt, an den Freund heran. Er hat einen etwas höheren Stuhl, ist dadurch einen halben Kopf größer als Roth, den er jetzt selbstbewusst anlächelt. Zweig, dem im Tweed-Anzug mit Weste und Krawatte an diesem Sommertag zu warm ist, beachtet die Kamera nicht, er schaut auf Roth. Lotte sieht Zweigs Blick durch die Linse, wie er auf seinen Freund, ja, herabschaut, aber es ist ein väterliches Herabschauen oder das eines großen Bruders, weich, liebevoll, etwas besorgt. Er sitzt da, mit einem gütigen Lächeln, und durch Lottes Kamera sieht es so aus, als hätte er gern den Arm um die Schultern des Freundes gelegt. Und Roth sieht so aus, als fürchte er genau eine solche beschützende Geste.

Lotte macht ihr Foto. Roth entkrampft sich wieder, sie besprechen ihre Arbeit des Tages, besprechen sie so intensiv und genau, wie sie es lange Zeit nicht mehr getan haben und wie sie es mit keinem anderen können. Und Zweig erzählt Roth von seinem Problem mit der Legende, dass sie ihm einfach nicht gelingen will, diese Passage. Das geht eben nur mit einem Verwandten, einem Bruder, einem Menschen, von dem man jede Zeile kennt, die alten Bücher, die neuen Pläne. »Furchtbar Geschick eines Volks, immer nur warten zu sollen auf das Dereinst und Vielleicht, immer nur stumm zu vertraun auf geschriebene Schrift und nie ein Zeichen zu fassen!« schreibt Zweig in seiner Legende. Und wie war das jetzt mit dem Tage des neunten Ab, dem Tag der größten Trauer? Wie war das, Roth?

*

Am Abend geht jeder wieder seiner Wege. Roth ins *Hôtel de la Couronne* zu Irmgard Keun, Zweig hat ihm Geld gegeben, damit er sein Zimmer Wochen im Voraus bezahlen kann. Und Zweig geht zurück in sein kleines Apartment am Meer, an der breiten Promenade Albert I, in der

Maison Floréal, ein schönes, dunkles Eckhaus mit Türmchen. Er wohnt im dritten Stock, Lotte im vierten, ohne Aufzug. Ja, das sei eine Barbarei, ihr gegenüber, hatte er Lotte vorher geschrieben, aber es ginge nicht anders. Er braucht eben seine Loggia – ein Arbeitsraum mit Blick aufs Meer, ins Unendliche. Wie Benjamin es gesehen hatte, als Knabe, als er den Leuchter verschwinden sah und retten wollte: »Wie verzaubert starrte er auf das Meer, das erstmals erschaute. Da war es, blauer, unendlicher Spiegel, strahlend gewölbt, bis zu dem scharfen Strich, wo die Flut den Himmel berührte, und noch weiter schien ihm dieser riesige Raum als die Kuppel der Nacht, da er zum erstenmal das volle Rund der Sterne im ausgewölbten Himmel gesehn.«

Und so kann Zweig auf die Nordsee hinausschauen, jeden Tag, jeden Abend. Die Lichter des Casinos leuchten bis in sein Zimmer hinauf, umso dunkler liegt vor ihm das Meer.

Früh am nächsten Morgen kommt ein Brief von Roth, ein kleiner Zettel, nur wenige Zeilen stehen darauf. Ein Liebesbrief, geschrieben in der vergangenen Nacht. »Lieber guter Freund«, steht da, »nach der Art der Backfische und der Gymnasiasten muß ich Ihnen sagen, wie lieb Sie mir heute waren, mit dem Hotel und Allem, und so sage ich es Ihnen, wie ich es damals gesagt hätte, als ich Sie mit 18 Jahren vergeblich in Ihrer Wiener Wohnung zu finden versucht hatte. Ich danke Ihnen also für ein Stück Jugend und Fähigkeit zur süßen Schmockerei, Geschriebenes zu geben statt Gesprochenes. Ihr J. R.«

117

Sein Besuch als bewundernder Student vor Zweigs Haus – vielleicht hat Roth seinem Freund diese Geschichte am vergangenen Abend zum ersten Mal erzählt. Wie er da, mit Weste, Schlips und hohem weißen Kragen, vergeblich vor der Tür gestanden hatte. Erst dreizehn Jahre später war Stefan Zweig auf den jungen Kollegen aufmerksam geworden, als der Vortragskünstler Alfred Beierle ihm Joseph Roths Buch *Juden auf Wanderschaft* schenkte, die Geschichte der Juden aus dem Osten Europas, die in den Westen kommen und dort als »Problem« betrachtet werden, als »Gäste aus dem Osten«, etwas peinliche Verwandte der assimilierten Westjuden, arm und meist auf den ersten Blick als Juden zu erkennen.

Es war die Geschichte von Joseph Roths Herkunftswelt, der Situation der Juden in der Sowjetunion, der Auswanderung nach Amerika: »Viele wandern aus Trieb und ohne recht zu wissen, warum. Sie folgen einem unbestimmten Ruf der Fremde oder dem bestimmten eines arrivierten Verwandten, der Lust, die Welt zu sehen und der angeblichen Enge der Heimat zu entfliehen, dem Willen, zu wirken und ihre Kräfte gelten zu lassen.

Viele kehren zurück. Noch mehr bleiben unterwegs. Die Ostjuden haben nirgends eine Heimat, aber Gräber auf jedem Friedhof. Viele werden reich. Viele werden bedeutend. Viele werden schöpferisch in fremder Kultur. Viele verlieren sich und die Welt. Viele bleiben im Getto, und erst ihre Kinder werden es wieder verlassen. Die meisten geben dem Westen mindestens so viel, wie er ihnen nimmt. Das Recht, im Westen zu leben, haben jedenfalls alle, die sich opfern, indem sie ihn aufsuchen.«

Der Westjude Zweig war so bewegt von diesem Buch, dass er Joseph Roth einen Brief schrieb und ihm dankte, für das Werk, für sein Schreiben.

Es war der Beginn ihrer Freundschaft, auch, weil Joseph Roth sich nicht einfach nur für den Brief des so lange schon Bewunderten bedankte, sondern sogleich zum Widerspruch bereit war: »Ich bin nicht mit Ihnen einverstanden, wenn Sie sagen, dass die Juden nicht an ein Jenseits glauben. Aber das ist eine Auseinandersetzung, die sehr viel Zeit und Raum erfordern würde.«

In dem Umschlag, der Stefan Zweig an diesem Morgen erreicht, steckt nicht nur der kleine Zettel, es steckt auch ein vollgeschriebenes Blatt darin, ohne Anrede. Es ist jenes »Geschriebene«, das Roth in dem Dankesbrief für Zweigs Freundschaft angekündigt hat. So fängt es an: »Am Tage des neunten Ab versammelten sich die Juden, wie es die Sitte gebot, auf dem Friedhof. Einige lasen in dem ›Kimin‹, den Klageliedern. Jedes Wort darin war salzig und bitter, wie eine Träne.« Roth schreibt über die Gräber, die Grabinschriften, über einen Grabstein, in den die Menora eingraviert war, »der kündete, daß unter diesem Grabstein die Gebeine eines Juden moderten, der einst, zu Lebzeiten, mit weisem Herzen, mit behutsamen Händen, mit lichtem Hirn, mit sicheren Füßen, mit klaren Augen die Welt gefühlt, gedacht, begriffen, geschaut und durchwandert hatte. Eine wirkliche Leuchte in Israel war er gewesen, deshalb zierte der Leuchter sein Grab.« Es ist auch ein Text über den leichten Schmerz, der die Gemeinde erfasst, als sie den Tag des neunten Ab langsam schwinden sieht. Und er endet: »Man schloß schon die Bücher, man begann schon, an den Aufbruch zu denken. Plötzlich vernahm man das leise, wehmütige Knarren des alten Friedhoftores. Wer mochte gegangen oder gekommen sein? War doch das Tor verschlossen gewesen!«

Stefan Zweig liest und liest, und eine große Dankbarkeit erfasst ihn. Es ist der Text, der ihm gefehlt hat, das Scharnier, der Tag der größten Trauer auf dem Judenfriedhof von Rom zwischen den umgestürzten Grabsteinen, bevor die Pforte sich öffnet und der Bote vom erneuten Raub der Menora kündet. Roth hat es für ihn geschrieben, und Stefan Zweig fügt es in seine Legende ein, ändert etwas den Ton, die Melodie, verwandelt es in seinen Text, über die jüdische Gemeinde von Rom, »da sie sich, wie es die Sitte gebot, auf dem Friedhof versammelten an dem traurigsten Tag ihres Jahres, dem neunten Ab, dem Tag der Zerstörung des Tempels, jenem Tage, dem düster gedächtnisvollen, der ihre Väter heimatlos gemacht und wie Salz gestreut über die Länder der Erde«. Er schreibt von Grabsteinen, die davon künden, »daß, der hier in ewigem Schlummer ruhte, ein Weiser und selbst eine Leuchte in Israel gewesen«. Und schließlich vom Ende dieses Tages: »Sie merkten nicht, dass der neunte Ab, der Tag der großen Trauer, langsam zu Ende ging und die Stunde nahte des letzten Gebets. Da klirrte außen das rostige Tor des Friedhofs.«

Ein bisschen wird es ihr gemeinsames Buch, die Geschichte der ewigen Flucht und des Glaubens daran, dass es einen Ort gibt, der ein Geheimnis für immer bewahren kann, an dem die Juden der Welt friedlich werden leben können. Benjamin lässt eine Replik des Leuchters anfertigen, er wird wieder gestohlen, verschwindet, irgendwo, mit dem echten aber hat er anderes vor: »Gott soll entscheiden, nur er und nur er des Leuchters Geschick. Ich grabe ihn ein, nicht anders weiß ich ihn wahrhaft zu hüten, doch für wie lange, wer sagt das aus! Vielleicht läßt Gott ihn ewig im Dunkel, und ungetröstet muß unser Volk wandern, zerstäubt und zersprengt auf dem Rücken der Erde. Doch vielleicht – und mein Herz ist voll dieser Zuversicht –, vielleicht wird sein Wille es wollen, daß unser Volk heimkehre zur Heimat.« Und dann fügt Zweig hinzu – und vielleicht ist das jetzt wirklich eine Heimkehr zu seinem Freund Roth und dessen Jenseitsglauben: »Nicht sorge dich um die Entscheidung, laß sie ihm und der Zeit! Möge er für verloren gelten, der Leuchter, und wir, die wir Gottes Geheimnis sind, – wir sind nicht verloren! Denn nicht wie der irdische Leib vergeht das Gold im Schoße der Erde und nicht unser Volk im Dunkel der Zeit. Dauern wird eines, dauern das andere, das Volk und der Leuchter! So laß es uns glauben, daß er aufersteht, den wir begraben, und einstmals neu leuchtet dem Volke, dem heimgekehrten. Denn nur wenn wir nicht ablassen zu glauben, bestehen wir die Welt.«

Es ist eine Beschwörung, die Zweig hier mit Roths Hilfe schreibt. Eine Beschwörung des Glaubens und der Hoffnung auf ein Ende der Flucht. Auch von ihrer Flucht, von Zweig, von Roth, von der ganzen kleinen Gemeinschaft hier am Meer. Was wird nach dem Sommer sein? Er geht langsam zu Ende.

Wie Roth in seinem Text für Zweig geschrieben hatte:

»Es war schon sehr spät im Sommer, es war schon ein sehr alter, ein sehr müder Sommer, kurz vor dem Herbst. Der Sommer selbst glich einem alten Juden, der Sommer selbst schien sich auf dem Friedhof ausruhen zu wollen. Milde war er, gütig und von goldener Weisheit.«

*

Ein paar Tage später sitzen sie noch einmal alle zusammen. Alle braun gebrannt, außer Roth, dem alten Sonnenfeind. Sie sitzen wieder im *Flore,* mit Blick aufs Meer und die Badehäuschen. Christiane Toller strickt trotzig vor sich hin, Gisela Kisch lacht, wann immer es etwas zu lachen gibt und auch wenn es nichts gibt, Lotte Altmann ist still, und nur wenn sie leise hustet, bemerkt die große Runde, dass sie noch da ist, Schachfuchs schaut aufs Meer, Stefan Zweig sitzt zwischen Lotte und Fuchs, raucht und hört zu, wenn Egon Erwin Kisch von Spanien spricht, vom Krieg der Kommunisten, neuesten Berichten von der Front, und Arthur Koestler von seinen Reiseplänen, die ihn in Francos Hauptquartier führen sollen. Ernst Toller feuert ihn an, mit halber Überzeugung wohl, aber dafür umso lauter, umso froher, umso entschlossener, Kesten lacht mit Gisela Kisch über den Eifer der Männer, das Stricken Christianes, das Schweigen Stefan Zweigs. Irmgard Keun hat Joseph Roth aus der dunklen Ecke des Bistros hinaus ans Licht geholt, trinkt mit ihm, und wann immer er eine kurze spöttische Bemerkung in die Runde wirft, scheint sie kurz zu zögern. Sie wäre so gern auf der Seite der gläubigen Kommunisten, gern auch auf der Seite der harmlosen, irgendwie unbeteiligt Lachenden. Sie ist aber bei ihm, sein Unglaube ist ihrer, auch wenn sie weiß, dass seine Religion, sein Monarchismus auch nur eine Flucht ist, eine Falltür, die ihr nicht offensteht. Es wird gelacht, gestritten und geschwiegen, an diesem Abend im *Café Flore*. Aber gedämpfter als am Anfang des Sommers. Die Hoffnung ist ein weiteres Stück zusammengeschmolzen. Trotz Spanien. Wegen Spanien. Trotz des deutsch-österreichischen Abkommens oder auch deswegen. Und trotz der vorolympischen Ruhe in Deutschland und Berlin. Ein weiterer Sommer wird vorübergehen, ohne dass die entscheidende Wende eintritt, ohne dass es echte Anzeichen dafür gibt, dass die Herrschaft der Faschisten in Europa einem Ende entgegengeht. Zumindest nicht in diesem Sommer, nicht in diesem Jahr und für viele nicht mehr in der Zeit, die sie noch erleben werden.

Ich bin schwarz wie ein Neger«, schreibt Egon Erwin Kisch kurz vor seiner Abreise an seine Mutter in Prag, dann fährt er mit Gisela zurück nach Versailles, er wird sich erst nächsten Sommer auf den Weg nach Spanien machen, in den Krieg. Arthur Koestler ist inzwischen Richtung Spanien abgereist. Ernst Toller hat, zum Entsetzen von Christiane, das Angebot für eine Vortragsreise durch die USA angenommen. Sie hatte eigentlich ein einjähriges Bühnen-Engagement in London zugesagt, eine einmalige Chance für eine junge deutsche Schauspielerin im Exil. »Bitte nicht!« fleht sie ihn an. »Du musst zu Hause bleiben!« »Zu Hause? Wo ist das?« fragt Ernst Toller zurück. Und im Oktober steht sie an Deck der *SS Normandie,* Seewasser im Gesicht, und hofft, dass der Wind sie zurückblasen wird, nach England, nach London, statt planmäßig nach New York. Doch er bläst nicht stark genug.

Hermann Kesten ringt mit seinem *Philipp II.* und kommt nicht voran. Der Vorschuss vom Verlag ist aufgebraucht, er will in Amsterdam, in der Nähe des Verlages, bleiben und schreiben und halbwegs billig leben, da wird ein neues Verdikt erlassen, dass in Holland Flüchtlingsausweise erforderlich seien. So fährt er im Oktober wieder nach Paris, um diesen Ausweis zu beantragen, das Geld für die Rückreise hat er nicht mehr. Aus dem Zug schreibt er an einen Freund: »An jeder Station steigen Jünglinge ein, die zur Garnison fahren, auf jeder Station steht die gleiche Familie, die weinende Mutter, der wehmütige Vater, die kichernde Schwester, sie winken, als ginge der Sohn schon in eine Art Vorkrieg.«

Auch Stefan Zweig und Lotte Altmann verlassen den Sommerort. Zweig ist glücklich wie seit Jahren nicht. Ganz beseelt schreibt er an Friderike, mit der er in den letzten Monaten schriftlich und mündlich nur gestritten hatte, von seinem Glück hier in Belgien, seiner Arbeit, die so gut vorangegangen sei, wie seit Jahren nicht, der Ruhe, der Abwesenheit von Diskussionen und von schlechten Rezensionen. »Auch Roth habe ich sehr hinaufgebracht, er ißt jetzt täglich – nur zum spazierengehen oder gar baden kann ihn niemand bezwingen. Ich habe auch noch für ihn für einige Zeit gesorgt, sehe aber für ihn – wie für alle Schriftsteller – sehr schwarz, der Absatz geht rapide zurück, und die Schwierigkeiten werden wachsen.« Eben habe er noch ein ausgezeichnetes Meerbad genommen und hoffe morgen früh noch auf ein letztes.

Bevor er abreist, geht er aber noch einmal eine Stichstraße vom Meer hinab in Richtung Stadt. Da steht es noch, das schmale Haus. Das Fenster ist dekoriert wie damals, Muscheln an Fäden, grinsende Masken, Seesterne, Aschenbecher. Es ist aber offenbar kein Geschäft mehr. James Ensor ist ein berühmter Mann, der König von Ostende, man hat ihn zum Baron ernannt, und seit dem Tod seiner Mutter ist das ganze Haus sein Atelier. Stefan Zweig zögert, ob er nicht hineingehen sollte, nach oben, zu dem Totenkopf unter dem Damenhut, dem Mann am Klavier, den tausend geifernden Masken dahinter. Er geht nicht. Er kehrt um, wieder zum Meer zurück. Ein letztes Bad.

Der Abschied von Roth fällt Zweig schwer und leicht zugleich. Er ist jetzt freier. Sein Albdruck, sein liebstes Gewicht auf seinen Schultern, sein schlechtes Gewissen, sein literarisches Gewissen, sein unbestechlicher, schwieriger Freund bleibt zurück, während er in eine neue Welt aufbricht. Ja, hinaufgebracht hat er ihn, ihm Geld dagelassen, die Verträge in Ordnung gebracht, überhaupt etwas Ordnung in dieses Leben. Und da ist ja jetzt Keun, mit der Roth froh ist, die auf ihn achtet, die bei ihm ist und bleibt, auch wenn sie die Zerstörung, die Selbstzerstörung nicht aufhält, ja, sie vielleicht noch befördert mit ihrem furiosen Lebensdrang, Schreibdrang, Trinkdrang. Mit ihrer Liebe zu ihm, zu seinem Hass, zu seiner Traurigkeit, zu seiner Bereitschaft hinabzustürzen, wenn die Welt schon nicht zu retten ist. Zweig verlässt ihn, Roth, zusammen mit seiner Liebe.

Am Abend vor seiner Abreise sind sie noch einmal bei ihrem Italiener, eine Straße unterhalb der Strandpromenade, ein letztes gutes Zureden von Zweig, ein letztes Mal Pläne besprechen, Romanpläne. Ein letzter Verveine. Zweig will glauben, dass er den Freund mit halbwegs stabiler Zukunftsaussicht zurücklässt. Dass er abreisen kann, ohne Mitleid. Im tiefen Inneren weiß er aber genau, dass die Stabilisierung dieses Sommers nur eine kleine Schein-sicherheit ist. Er selbst hat ja an Huebsch geschrieben, dass Roths Romane schlechter werden, dass er schwarzsieht für ihn, für seine Bücher auf dem europäischen Markt und auf dem amerikanischen. Stefan Zweig weiß es und will es nicht wissen. Er kann nichts mehr für Roth tun, wenn er selbst nicht untergehen will. Jetzt noch nicht. Er will frei sein. Der Sommer hat ihn gestärkt wie wenige Sommer zu-vor. Jetzt ist er fest entschlossen, den neuen Schwung zu nutzen. Für eine Art Aufbruch. Er glaubt noch einmal da-ran, ist fest entschlossen, daran zu glauben.

Mit Lotte geht es nach London und von dort aus weiter nach Southampton, wo er am 8. August in Richtung Bra-silien in See sticht, allein, ohne Lotte, ohne Friderike, ohne Roth, ohne Schachfuchs.

Aus seiner Heimat, aus dem alten Haus auf dem Kapuzi-nerberg, erreicht ihn noch eine Nachricht. Es ist Festspiel-sommer, wie jedes Jahr. Toscanini ist noch einmal da und Bruno Walter. Sie inszenieren ein Gegen-Bayreuth, ein nichtnationalsozialistisches deutsches Theater- und Mu-sikfest. Eine Demonstration. Aber Zweig ist froh, nicht da zu sein. Er hat den Festspieltrubel immer schon gehasst, bemühte sich, in dieser Zeit seine Stadt zu meiden. Trotz seiner Liebe zu Toscanini und seiner Welt. An eine Salz-burger Freundin schreibt er an seinem letzten Tag am bel-gischen Strand: »Sie wissen ja, wie die Atmosphäre seit jenen Jahren mörderisch dort auf mich drückte. Ich war vollkommen verstört und konnte nichts arbeiten. Dazu kamen noch jene Ihnen bekannte Gegensätze zu nahen Angehörigen, die immer meinen sogenannten Pessimismus verurteilten und sich heimatlich in dem Grade enger binden wollten, als ich fortstrebte. Fast vergesse ich die wunderschönen Jahre, die ich dort verlebt um der Verbitterungen willen, die ich erfahren. Schon im letzten Jahre war es mir eine geheimnisvolle Steigerung des Genießens, daß ich spürte, die Toscaniniwelt lebt sich zum letzten Male aus. Es war und ist wohl auch dieses Jahr so schön wie ein Sonnenuntergang.«

Und aus diesem Sonnenuntergang heraus hatte er Post bekommen. Aus dem Haus, in dem immer noch jene nahen Angehörigen wohnten, die seinen Pessimismus verurteilt hatten, Friderike und ihre Töchter. Sie liebten es zu repräsentieren, und zur Festspielzeit waren immer jede Menge Gäste da. In diesem Jahr auch Klaus Mann und seine Schwester Erika. Klaus schickt eine Postkarte an den Hausherrn, arglos, sorglos, knapp: »Zur gefälligen Beneidung herzliche Grüße! Es ist reizend bei Ihnen, warum sind Sie nicht da, wie kann man es in Rio oder Ostende schöner finden?« Einen Tag zuvor hatte derselbe Klaus Mann in sein Tagebuch geschrieben: »Zwischen allem Rummel: immer *schwere* Attacken von Traurigkeit. Vor dem Einschlafen hole ich immer die Todesvorstellung herbei. Wer wird da an meinem Lager sitzen? Niemand? – Ich denke eine Wort-Reihenfolge: ›Aber ein Engel wird sich meiner erbarmen.‹« Und zwei Tage später: »Regen. Alle schlafen noch. Ich kann nicht so lange. Erbrochenes im Badezimmer. – Ich denke an all die Parties, die ich mitgemacht habe ... Die verlorenen Gesichter.«

Im Tagebuch weinen, auf Postkarten jubeln und mühsam versuchen, Neid zu erregen. Aufrecht gehen. Keine
Schwäche zeigen. Nicht den Gegnern, nicht den Freunden. »Es ist reizend bei Ihnen.« Und denken an den Tod.
Die Schriftstellerin Annette Kolb ist ebenfalls in Salzburg in diesem Jahr. Auch sie ahnt, dass sie das alles wahr-
scheinlich zum letzten Mal sieht. »Das Wissen um die Be-
gebenheiten in der Welt, die Hoffnungslosigkeit, drückte
auf die Gemüter. Die höllischen Ausstrahlungen des Krieges in Spanien reichten zu den Seen, den Wäldern, in
die Festsäle hinein.« Zum Abschied ein leises Winken:
»Wer sagte ihr, daß sie wieder nach Salzburg zurückkehren würde? Wird das Leben nicht unsicherer von Jahr zu
Jahr?« Und sie beendet ihr Salzburg-Buch mit den Worten: »Schönes, gefährdetes Österreich, noch einmal Lebe
wohl! Herz Europas, Gott befohlen.«

Dieser Pessimismus ist in Zweigs Seele seit Jahren tief
und felsenfest verankert. Jetzt, da sich die Schatten senken,
hilft ihm das, wie er in jenem letzten Brief aus Ostende
an die Salzburger Freundin schreibt: »Gerade daß ich à la
longue pessimistisch eingestellt bin, gibt mir eine gewisse
Steigerung der Genußfähigkeit: nur jetzt noch alles Gute
mitnehmen, solange man es noch genießen darf.«

*

Es ist ein froher Mann, der da in Southampton an Bord
geht, die Einrichtung des Schiffs gefällt ihm allerdings weniger, »ungeschickter stilloser Prunk«, vermerkt er in seinem Tagebuch. »Das Wetter wunderbar still und septem-

129

berlich kühl.« Ziel seiner Reise ist eigentlich Argentinien, wo er vom P.E.N.-Club als Vertreter Österreichs auf einem Schriftstellerkongress in Buenos Aires sprechen soll. Aber Zweig will auf dieser Reise vor allem ein neues Leben ausprobieren, will prüfen, ob dort ein Leben für ihn möglich sei, für ihn und auch für Lotte. Die beiden hatten in den letzten Wochen gemeinsam Spanisch gelernt, hier an Bord lernt er jetzt alleine weiter. Stefan Zweig ist allein unter Hunderten von Passagieren, er genießt das Alleinsein, er reist inkognito, keiner der Passagiere der ersten Klasse erkennt ihn, einige sieht er seine Bücher lesen. Doch als er einmal hinuntersteigt zu den Juden, die dritte Klasse reisen, wird er sofort erkannt, als »der greeste Dichter«, wie er stolz in sein Tagebuch schreibt. »Sie sind glücklich, dass ich zu ihnen hinüberkomme.«

Zweig hat hier an Bord ein neues Buch begonnen, ein Buch über das Mitleid, das nur dann Gutes birgt, wenn es wahres Mit-Leiden ist, wenn der Mitleidende bereit ist, bis zum Ende das Leid des anderen mitzutragen. Es ist die Geschichte eines jungen Offiziers der alten österreichischen Armee, der aus Schwäche und schwächlichem Mitleiden, das in Wahrheit sich nur frei machen will vom Anblick des Unglücks, schuldig wird am Tod jener kranken jungen Frau, die er mit seiner Menschenfreundlichkeit eigentlich retten wollte. Eines Offiziers, der sich am Ende, erleichtert beinahe, in die Kämpfe des Ersten Weltkriegs stürzt, um sich zu verlieren, sein Leben zu verlieren und seine Schuld. *Ungeduld des Herzens* wird das Buch heißen, es ist Stefan Zweigs einziger Roman. Das Thema hat ihn immer beschäftigt, und jetzt, in diesen Jahren des Exils, mehr denn je: Ist ein Leben ohne Schuld möglich?

Stefan Zweig ist ein Mann, der Menschen lesen kann wie Bücher. Und der sie deshalb nicht verurteilt, sondern sie versteht. Und der sich deshalb nie entscheiden will zwischen Möglichkeiten. Ein Traum: Stefan Zweig ist jung, vielleicht 25 Jahre alt, ein weiches Gesicht, Schnurrbart, winzige Brille. Er ist an Bord eines Schiffes, das ihn von Genua nach Neapel bringen soll. Er freundet sich mit einem Unterkellner an, er heißt Giovanni. Bevor sie anlegen, kommt Giovanni zu ihm, mit einem Brief. Ob er ihm den vorlesen könne. Zweig versteht nicht. Fragt, warum er ihn nicht selbst lese. Er kann es nicht, er kann nicht lesen – der Reisende kann es nicht fassen. Denn seine Welt ist eine Bücherwelt, seine Liebe, sein Wissen, sein Denken, er hat es alles aus Büchern gelernt. Er hatte vorher nie darüber nachgedacht, doch in diesem Moment wird es ihm klar. Eine Mauer trennt ihn von diesem Giovanni. Er weiß nicht, was er wäre ohne das Lesen, was er wäre ohne Bücher. Er kann es sich nicht denken. Zweig schreibt alles später auf, in einem Text, der heißt *Das Buch als Eingang zur Welt:* »Und ich verstand, daß die Gabe oder die Gnade, weiträumig zu denken und in vielen Verbindungen, dass diese herrliche und einzig richtige Art, gleichsam von vielen Flächen her die Welt anzuschauen, nur dem zuteil wird, der über seine eigene Erfahrung hinaus die in den Büchern aufbewahrte aus vielen Ländern, Menschen und Zeiten einmal in sich aufgenommen hat, und war erschüttert, wie eng jeder die Welt empfinden muß, der sich dem Buch versagt. Aber auch, daß ich all dies durchdachte, dass ich so vehement fühlen konnte, was diesem armen Giovanni fehlte an gesteigerter Weltlust, diese Gabe, erschüttert werden zu können von einem fremden zufälligen Schicksal, dankte ich dies nicht der Beschäftigung mit dem Dichterischen? Denn wenn wir lesen, was tun wir anderes als fremde Menschen von innen heraus mitzuleben, mit ihren Augen zu schauen, mit ihrem Hirn zu denken? Und nun erinnerte ich mich immer lebhafter und erkenntlicher aus diesem einen belebten und dankbaren Augenblick an die unzähligen Beglückungen, die ich von Büchern empfangen. Ich erinnerte mich an wichtige Entscheidungen, die mir von Büchern kamen, an Begegnungen mit längst abgestorbenen Dichtern, die mir wichtiger waren als manche mit Freunden und Frauen, an Liebesnächte mit Büchern, wo man wie in jenen anderen den Schlaf selig im Genuß versäumte; und je mehr ich nachdachte, umso mehr erkannte ich, daß unsere geistige Welt aus Millionen Monaden einzelner Eindrücke besteht, deren geringste Zahl nur aus Geschautem und Erfahrenem stammt – alles andere aber, die wesentliche verflochtene Masse, sie danken wir Büchern, dem Gelesenen, dem Übermittelten, dem Erlernten.«

So träumte Zweig auf jenem Schiff vor Genua. Ohne Bücher bleibt die Welt verschlossen. Seine Welt. Wie er sie sieht, wie er sie aufgeschrieben hat, in allen seinen Werken. Mitleid, Bewunderung, leben, ohne anderen zu schaden. Auch eine kleine Erzählung hat er darüber geschrieben, kaum einer hat sie beachtet. *Anton* heißt sie, die Geschichte eines Mannes, der einfach so lebt in einer kleinen Stadt. Ein Handwerker, einer, der alles kann, was man im

Leben können muss, der Menschen hilft, wenn sie Hilfe brauchen, der immer nur so viel Geld nimmt, wie er gerade zum Leben benötigt. Der immer wieder verschwindet und auftaucht, wenn man ihn braucht. Seine Geschichte endet so: »Viele Jahre habe ich nichts mehr von Anton gehört. Aber ich kann mir kaum jemand vorstellen, um den es einem weniger bange zu sein braucht: Er wird niemals von Gott verlassen werden und, was viel seltener ist, auch niemals von den Menschen.«

Mit offener Brust hat Stefan Zweig seine Versuche, abseitszustehen, immer verteidigt und offen bekannt. Auch gegenüber jenen, von denen er wissen musste, dass sie ihn für dieses Abseitsstehen verachteten.

Noch aus Ostende hat er an seinen alten Freund Romain Rolland geschrieben, den er für seine Musikbücher und seinen Pazifismus liebte und der inzwischen ein Ideologe des Kommunismus, ein Stalinist, geworden ist: »Für mich ist der Feind des Dogmatismus, welcherart er auch sei, die isolierte Ideologie, die alles andere Denken vernichten will. Man müßte einen Fanatismus des Antifanatismus schaffen.« So schreibt er an den Fanatiker Rolland und schließt: »Mein lieber Freund, ich denke so oft an Sie, denn wir werden immer einsamer. Das Wort ist schwach geworden gegen die Brutalität, und was wir Freiheit nennen, ist dieser Jugend unverständlich: doch wird eine andere kommen. Und sie wird uns begreifen!« Seine ganze Hoffnung hat er in diesen Brief an den alten Freund hineingelegt. Die Antwort ist kalt, kämpferisch und eindeutig: »Nein, ich bin keineswegs allein, oder einsam, wie Sie mir schreiben. Ich fühle mich im Gegenteil von der

Freundschaft von Millionen Menschen aller Länder umgeben und erwidere sie ihnen.« Der Parteischreiber verhöhnt den einsamen Freund, der nicht mitmachen will in den Kämpfen der Zeit. »Das Faust-Wort wird Wirklichkeit: die Freiheit wird täglich auf den Schlachtfeldern der Erde erobert. Wenn ich irgendwo doch einsam bin, so unter meinen Schriftstellerkollegen.«

Ja, es ist so viel leichter, sich einer Bewegung, einer Ideologie, einer Partei zu verschreiben. Mit welcher Sicherheit kann man da, vom Fels der Überzeugung hinab, die Verzagten und Vereinzelten verhöhnen. Es ist ganz leicht, und niemand macht es den Ideologen so leicht wie Stefan Zweig, der seine Verständnislosigkeit gegenüber der ganzen Epoche so offen ausspricht.: »Vielleicht ist es meine letzte große Reise, wer weiß?« schreibt er im selben Brief an Rolland. Die letzte Reise.

*

Ein bisschen ist es wie damals, 1914, als er Ostende im letzten Zug verlassen hatte. Stefan Zweig fährt wieder in den Krieg. Nur kurz zwar, nur besuchsweise, ein Zwischenstopp mit dem Schiff. Aber es ist wieder Krieg in Europa, und von all den engagierten, kämpferischen, politischen Kollegen, die in Ostende zusammengesessen hatten, ist es ausgerechnet Stefan Zweig, der als Erster in Spanien haltmacht. Es ist der 10. August, das Schiff nähert sich dem spanischen Hafen Vigo, vor der Bucht liegt ein amerikanischer Kreuzer, es heißt, dass man auf eigene Gefahr an Land gehen dürfe. Und Zweig geht an Land. Er sieht

»die Stadt voll Miliz in prächtigen Uniformen, geradezu deutsch discipliniert, blaue Matrosenanzüge, Khaki und Sturmhauben. Es sind dreizehnjährige Jungen darunter, die mit Revolver bewaffnet pittoresk an den Mauern lungern und warten, sich photographieren zu lassen – es fällt mir aber auch auf, daß viele Menschen aus dem Volk die roten Abzeichen der Fascisten nicht tragen. Ich sehe und photographiere, wie eben schwere Camions, vollgepackt mit Soldaten in Sturmhelmen an die Front abgehen – sie sehen ebensowenig wild aus wie unsere Heimwehren und es scheint, nach dem was man mir erzählt, daß beim Kämpfen die Siesta streng eingehalten wird.« Ein Spaziergänger aus dem alten Europa am Rande des Krieges. »Hier könnte man stundenlang herumgehen, ohne gewahr zu werden, daß eine Stunde weit die Front liegt.« Und Zweig geht stundenlang herum, sieht die Schuster bei der Arbeit, sieht in den Schaufenstern der Buchhandlung seine *Maria Stuart* neben *Hitlerschriften,* Fords Buch gegen die Juden und »ähnlichen Unfug ausgestellt«. Er sieht bezaubernd schöne Menschen, sieht Esel, Ochsengespanne, schnelle Automobile, und »großartig an Goya erinnern die alten Weiber mit dem zerrauften, schwitzigen staubigen Haar, den schmutzigen Füßen und doch eine ungeheure Würde in dem Gang«. Zweig schaut, staunt, bewundert, er spaziert hier am Rande jenes Schlachtfeldes, das ein Experimentierfeld für den kommenden großen Krieg sein wird, und findet alles wundervoll und pittoresk. Zwei Stunden Spanien, schreibt er begeistert in sein Tagebuch, seien intensiver als ein ganzes Jahr England. Und dann der Satz: »Wie seinerzeit in Wien.« Zweig ahnt, dass er hier den

Vorboten eines erneuten, des endgültigen Untergangs seiner Welt beiwohnt, sonst hätte er die Erinnerung an das Wien von damals nicht aufgeschrieben, aber er will es noch ein letztes Mal nicht wahrhaben. Er will ein letztes Mal nur die Schönheit sehen, die schönen Menschen, das Gute in der Welt. Spanien am Abgrund, fröhliche Menschen, »ein Stück Zauberei«.

Dann wieder das offene Meer, Arbeit am Roman, Einsamkeit und schließlich – Brasilien.

*

Vielleicht ist Stefan Zweig nie zuvor in seinem Leben so überwältigt gewesen, so glücklich, stolz und zuversichtlich. Wie weit liegt das alte Europa hinter ihm, wie schnell lässt er sich vom Enthusiasmus der Brasilianer anstecken. Von der Sonne, vom Licht, den Stränden, von der Herzlichkeit der Menschen. Ein Land liegt ihm zu Füßen. Alle Menschen, denen er begegnet, haben, so scheint es, seine Bücher gelesen, immer wieder schreibt er »herrlich, herrlich« in sein Tagebuch. In Rio erkennt er die glücklichste Mischung aus »Madrid und Lissabon, Newyork und Paris«, wo immer er hinkommt, wird er erdrückt vom Enthusiasmus der Menschen, er liest vor Tausenden aus seinen Büchern, schreibt jeden Tag Hunderte Male seinen Namen, wird vom Außenminister, vom Präsidenten empfangen, bekommt Geschenke überall, eine riesige Kaffeemaschine, den köstlichsten Kaffee, Zigarren. Er, der eben noch sein Werk im Dunkel der Bedeutungslosigkeit verschwinden sah, fasst plötzlich durch diese Herzlichkeit der

Menschen neuen Mut. Taumel des Glücks. »Alle empfinden, daß hier eine große Zukunft sich vorbereitet.« Und Stefan Zweig empfindet dies für ein paar Tage mit.

Und dann entschließt er sich zu einer Fahrt, hoch hinauf in die Berge. Der alte Kaiser Dom Pedro verbrachte hier oben seine Sommer, wenn es unten am Meer, an der Copacabana, unerträglich heiß wurde. Stefan Zweig will diese andere Stadt sehen, den Palast des Kaisers, der inzwischen ein Museum ist, den Glaspalast, der hier oben steht. Und das Land Brasilien, das Meer, er will das alles einmal von oben sehen. Ein Blick über die Landschaft, ein Blick auch zurück zum alten Europa. Und die Frage, unausgesprochen, liegt ja jeden Tag über jedem Schritt, den er macht: Ist hier ein neues Leben möglich, eine Fortführung des alten?

Am Strand, unten in der großen Stadt, das weiß Zweig längst, kann er nicht bleiben. Die Menschenmassen, die Verpflichtungen, die Ansprüche der Leute an ihn, das will er nicht, auf keinen Fall. Es ist ein Traum für den Moment, es ist ein ungeheures Glück, zu spüren, dass er hier, in diesem Zukunftsland, geliebt wird wie nirgends sonst, aber hier leben, in dieser tanzenden Metropole? Ausgeschlossen. Und die Sommer sind nicht nur für einen Kaiser viel zu heiß.

Die Fahrt hinauf ist also auch eine Fahrt der Prüfung. Weit und immer weiter geht es hinauf, es regnet leicht. Wenn man hinabschaut: Nebel. Die Natur ist überwältigend, es ist nur schwer vorstellbar, dass hier oben Menschen überhaupt den Regenwald zurückdrängen konnten. Oben dann zieht sich die Stadt einen Taleinschnitt entlang, rechts und links grüne Berge, in der Mitte ein schmaler, brauner Fluss, enge Wege am Rand der Straße, die Menschen gehen unter großen Schirmen emsig umher. Die Luft ist herrlich, kein Wind geht, aber es ist frisch und grün und feucht und angenehm kühl. Stefan Zweig hat sich schon früh vorgenommen, dieses Land zu lieben, er ist mit dem Willen zur Überwältigung hierhergereist. Er will die dunklen Seiten jener neuen Welt nicht sehen. Das diktatorische Regime von Präsident Getúlio Vargas, die Ausweisung der kommunistischen Jüdin Olga Benario Prestes, die antisemitische Literatur der mächtigen faschistischen Bewegung Ação Integralista Brasileira, die restriktiven Einwanderungsregeln. Zweig will das nicht sehen. Er will lieben.

Schon im Dezember 1932 hatte er mit seinem argentinischen Übersetzer und Agenten Alfredo Kahn Reisepläne besprochen, zwei Wochen Argentinien und dann mit dem Zeppelin weiter nach Brasilien, so hatte er es sich ausgedacht und an Kahn euphorisch geschrieben: »Südamerika tritt als eine lebendige Hoffnung an uns heran und wir alle stehen eigentlich innerlich diesen Ländern kulturell viel näher als den nordamerikanischen: die seelische Verbundenheit scheint mir eine tiefere und dann – es ist Neuland für uns, eine andere Sphäre.«

Die politische Entwicklung in Europa verhinderte damals seine Reisepläne. Aber die Liebe zu Brasilien, zu Südamerika, die war schon geboren, bevor er zum ersten Mal diesen Teil des Kontinents betreten hatte.

Und nun steht er hier, im dünnen Regen in den Bergen Brasiliens. Nein, in Wahrheit erinnert hier nicht viel an den Semmering-Pass der alten Heimat. Es ist der Wille zur Erinnerung, der Wille, in der neuen Welt die alte Heimat zu entdecken, seine Welt. Sieht er jetzt hier oben dieses kleine, weiß getünchte Haus, das sich da an den Berg schmiegt? Den kleinen Garten davor, die Terrasse unter dem vorspringenden Dach? »Wir würden einfach leben.« Die Utopie von Ostende. Ist hier der Ort, an dem sie Wirklichkeit wird und bleibt? Es könnte sein.

Wie anders ist der Herbst des Joseph Roth in diesem Jahr. Kaum ist Stefan Zweig weg, als schon das Unglück wieder mit voller Wucht über ihm hereinbricht. Zunächst kommt ein Brief des amerikanischen Verlegers Ben Huebsch. Er kündigt Roth an, künftig keine Bücher mehr von ihm verlegen zu wollen. Ein schwerer Schlag, denn der amerikanische Markt ist finanziell beinahe die einzig relevante Hoffnung für emigrierte deutschsprachige Autoren, die ihr Heimatpublikum verloren haben. Lion Feuchtwanger, Erich Maria Remarque, Thomas Mann und auch Stefan Zweig erzielen hohe Einnahmen in den USA. Und auch Roths holländische Exilverlage hatten Lizenzeinnahmen aus den USA und England in ihre hohen Vorschüsse für Roth immer schon mit kalkuliert. Nach dem Brief von Huebsch ahnt Joseph Roth, dass er während des Exils nicht mehr mit ausreichenden Einnahmen aus seinen Büchern würde rechnen können, so viel er auch schreiben würde, so viele Romanideen er auch an die Verlage de Lange, Querido und De Gemeenschap parallel verkaufen würde.

Schon am Tag von Zweigs Abreise nach Brasilien schreibt ihm Roth hinterher: »Ich wollte Ihnen gerne etwas Frohes schreiben, aber leider wird es Trauriges. Huebsch hat mir einfach gekündigt.« Zweig hat es längst geahnt, er selbst hat den Verleger ja auf die nachlassende Qualität der Bücher Roths hingewiesen. Jetzt wird ihm wohl klar, was das auch für ihn selbst bedeuten könnte: Seine Verantwortung, seine finanzielle Verantwortung für den Freund, ist noch größer geworden. Und er ahnt wohl auch: Für ihn allein wird sie zu groß sein.

Zunächst hält sich Roths Panik in Grenzen. Zweig hat ihm so viel Geld dagelassen, dass er einige Wochen sorglos leben kann. Und dann hat er nicht nur den nächsten Roman, *Das falsche Gewicht*, beendet, sondern schon einen weiteren, *Die Geschichte der 1002. Nacht*, begonnen, den Querido und de Lange zwar ablehnen, für den aber De Gemeenschap das beachtliche Honorar von 3000 Gulden zu zahlen bereit ist, die Hälfte des Betrags erhält Roth als Vorschuss. Doch kaum ist es ausgezahlt, wird Roth, der sich zusammen mit Keun zu Verlagsverhandlungen in Amsterdam aufhält, von einem jungen Holländer, Andries van Ameringen, der für Roth einige Sekretärsaufgaben übernommen hatte, bestohlen. Der ganze Vorschuss ist weg und auch das Geld von Zweig. Gleichzeitig wird Irmgard Keun wegen angeblichen Passvergehens inhaftiert, ihr droht die Abschiebung nach Deutschland, und Roth darf sich, inzwischen vollkommen mittellos, nicht länger in Holland aufhalten. Durch einen glücklichen Zufall oder einen freundlichen Beamten bekommt Keun ein Fünftagevisum für Belgien sowie ein Transitvisum für

Frankreich, und die beiden reisen über Brüssel und Paris schließlich nach Wien weiter. Österreich ist inzwischen das einzige Land, in dem sich Keun ohne Visum aufhalten darf. Sie wohnen im *Hotel Bristol*, in dem Roth noch so einen guten Ruf hat, dass sie nicht sofort ihre Rechnungen bezahlen müssen. Sie haben beide praktisch kein Geld, de Lange weigert sich aus politischen Gründen und Angst vor Hitler-Deutschland, Keuns neuen Roman *Nach Mitternacht* zu publizieren, sie schicken beide immer neue Bettelbriefe in die Welt, und wenigstens der alte, treue, verliebte Arnold Strauss schickt immer wieder große Summen aus Amerika. Davon leben sie eine Weile.

Und wie Stefan Zweig eine Art Wiederholung seiner Erlebnisse von 1914 erlebt, mit seiner Reise in den Krieg und der Ankunft in einer Art neuem Wien, so steht auch für Roth eine ähnliche Reise an: »Lemberg noch in unserem Besitz.« Lange schon liegt die Stadt jenseits der Grenzen Österreichs. Aber Roths Verwandte leben noch dort, und Roth, der für das Frühjahr 1937 zu einer Vortragsreise durch Polen eingeladen worden ist, fährt im Dezember 1936 hin, in die alte Heimat, nach der er sich sehnt, nach der Landschaft, den Menschen. In Ostende hat er sich einen großen Sack gekauft, mit dem wolle er auf Wanderschaft gehen, wie seine jüdischen Vorväter, hat er der erstaunten Irmgard Keun gesagt. Die frommen Ostjuden seiner Heimat, erinnert sich Keun später, habe er verehrt wie Heilige, mit deren menschlicher Substanz sich die Menschen Westeuropas überhaupt nicht messen könnten. Er musste sie endlich wieder besuchen, musste noch einmal nach Galizien. »Seit ewigen Zeiten bin ich nicht mehr da gewesen. Ich muß es noch einmal sehen«, hatte er zu seiner Freundin gesagt.

Sie leben im Hotel. Bei den Verwandten will Roth nicht wohnen. »Die Juden haben so kleine Schnapsgläser«, sagt er.

In diesem Winter 1936/37 lebt Roth noch einmal auf. Nur hier, hat Irmgard Keun gesagt, nur hier in seiner Heimat muss er nicht immer jemanden spielen, der er nicht ist. »Nur dort, wo er herstammte, war er nicht tausendfach zersplittert. Er zeigte sich stolz auf die ärmsten der Juden, wie solche, zu denen er mich einmal führte, die in einem Keller wohnten, in dem die Kerzen auch am Tage brannten. Er setzte sich an ihren Tisch und sprach Jiddisch mit ihnen, so daß man seine Menschenliebe herausfühlte und ich ihn selber lieben mußte.« Nur nach Brody will er nicht. »Die Erinnerungen«, so mutmaßt Keun, »die guten wie die schlechten hätten ihn zu sehr erregt.«

Mit seiner Cousine Paula Grübel geht er auf den jüdischen Friedhof, geht die Gräberreihen entlang und liest die Namen der Verstorbenen laut vor sich hin. »Hier liegen viele gute Menschen begraben«, sagt er zu Paula.

In *Erdbeeren,* dem Romanfragment über seine Heimat, schreibt Joseph Roth: »Ich ging die Straße entlang, die zum Friedhof führte. Ich wollte eigentlich in die umgekehrte Richtung – zum Bahnhof. Aber ich muß damals die Richtungen verwechselt haben. Vielleicht dachte ich, daß der Bahnhof erst am Morgen geöffnet würde, indessen der Friedhof die ganze Nacht offen sein mußte. Es brannte

Licht in der Totenkammer. Der alte Pantalejmon schlief neben den Toten. Ich kannte ihn, er kannte mich auch. Denn es war in unserer Stadt Sitte, zum Friedhof spazierenzugehen. Andere Städte haben Gärten oder Parks. Wir hatten einen Friedhof. Die Kinder spielten zwischen den Gräbern. Die Alten saßen auf den Steinen und rochen die Erde, die aus unseren Ahnen bestand und die sehr fett war.«

Joseph Roth ahnt, dass er das alles zum letzten Mal sieht. Er ist »mager wie ein Skelett«, schreibt Keun, wiegt so viel wie ein zehnjähriger Knabe, und nur der Bauch ist eine Kugel. Er hat noch drei Zähne im Mund, hat Herzbeschwerden, Leberschmerzen, würgt jeden Morgen stundenlang, dass Keun jedes Mal denkt, er stirbt. Er ist bösartig gegen sie, eifersüchtig, keine Sekunde lässt er sie mehr aus den Augen, und er deliriert. Nachts schreckt er auf, ruft aufgebracht »Wo ist Frau Keun?«, und sie schreit zurück, die sei unten im Restaurant und er solle auf der Stelle wieder einschlafen. Er schläft ein und erinnert sich am nächsten Morgen an nichts. Arnold Strauss, dem sie Roths Symptome schildert, schreibt, dessen Leber halte noch maximal ein bis zwei Jahre.

*

Im Frühjahr 1937 sind die beiden auf Einladung von Friderike Zweig für einige Wochen in Salzburg, wohnen im *Hotel Stein*, am Fuße des Kapuzinerbergs. Stefan Zweig sehen sie nur kurz. Er ist bleich wie ein Gespenst, abweisend. Es ist der Tag, an dem der Verkauf seines Hauses besiegelt wird. Sein endgültiger Abschied von Österreich, von seinem früheren Leben. Am nächsten Tag regeln die Anwälte in Wien die Unterhaltszahlungen für seine Frau und die Modalitäten der Trennung. Joseph Roth ist furchtbar gekränkt von Zweigs abweisender Haltung. Wo ist der alte Freund geblieben? Er versteht nicht, dass Zweig ihn in diesen Tagen nicht sehen will. Dass ihm das Problem Roth in diesen Tagen einfach zu viel ist. Roth ist beleidigt: »Mit Scheißkerlen verkehren Sie viel intimer, als mit mir«, schreibt er von Salzburg nach Salzburg. Sein alter Retter antwortet nicht. In einem Brief an Lotte klagt er über den »gräßlich versoffenen Roth«. Schon im Dezember hatte er an Friderike geschrieben: »Welch ein herrlicher Mensch geht da zugrunde.«

Stefan Zweig kann nicht mehr helfen, will wohl auch nicht mehr. Roth ahnt es längst, er wütet gegen ihn und hofft doch immer noch auf ein gutes Ende, auf eine Wiederholung ihres großen Sommers.

Noch einmal Juli 1936. Noch einmal das Meer. Noch einmal Ostende.

Und Roth fährt. »Ich will nach Ostende. Es wird mich an Sie erinnern«, schreibt er am 10. Juli und reist an. Wieder ins *Hôtel de la Couronne,* wieder mit Blick auf die Segelschiffe, den Bahnhof. »Ostende ohne Sie. Die gleichen Lokale und alles anders. Sehr vertraut und sehr fremd. Beides in schrecklicher Gleichzeitigkeit.« Er schreibt Sehnsuchtsbriefe, Liebesbriefe. Er hofft immer noch, dass Zweig kommen wird. Er bittet um Geld. Zweig schickt Geld. Er schreibt von all den Freunden, die diesen Sommer gestorben sind, für die er Nachrufe schrieb in den Exilzeitschriften. Aber ihm, Zweig, werde er keinen Nachruf schreiben, da brauche er sich keine Hoffnungen zu machen. »Sie sind mir nicht allein geistig nah, sondern körperlich. Es ist die Nabelschnur der Freundschaft: die gibt es. Zu Ihnen habe ich nicht die Distanz, die Voraussetzung wäre für einen Nachruf.«

Sein eigener Tod lässt auf sich warten. »Das Ende zieht sich leider«, schreibt er am Schluss. »Das Krepieren dauert länger, als das Leben.« Und am Ende der Seite, nachdem Roth ein »Ich umarme Sie« angefügt hat, schreibt ihr Pizzabäcker einen Gruß: »Salutation Almondo Ostende«. Und Roth fügt noch hinzu, dass auch Floréal, der Besitzer des Apartmenthauses mit der Loggia, wo Zweig wohnte, jeden Tag nach ihm frage. Und, ganz euphorisch: »Almondo traf ich soeben im *Café Flynt* am Platz, wo ich dies schreibe. Er hat mir eine Flasche Verveine geschenkt!!!«

Dann werden die Briefe immer dunkler und verzweifelter. Stefan Zweig wird nicht mehr kommen. Einmal sieht Roth zwei Polizisten, die einen Verdächtigen abführen. Erst schildert er die Szene mitleidig, neugierig, dann kommt ihm die Idee, er könne die beiden Beamten ansprechen und sie darauf aufmerksam machen, dass es sich bei der Verhaftung um eine Verwechslung handle. Er selbst sei der Mann, den sie suchen. Roth schreibt, er hoffe damit »die entscheidende Katastrophe herbeizuführen«, aber schon beim Schreiben merkt er, »daß es eine litterarische Idee ist«, und lässt die Gelegenheit verstreichen.

Am 21. September schließlich schreibt er ernüchtert:

»Lieber Freund, heute fahre ich weg. Ich habe vergeblich darauf gewartet, Sie zu sehen.«

Der magische Sommerort hat keine Wende in seinem Leben mehr gebracht. Roth fährt nach Paris, auch hier hofft er noch auf ein Wiedersehen mit Zweig. Er fleht, er bittet, er droht immer wieder mit seinem Tod, er kann nicht verstehen, warum Zweig nicht alles daransetzt, ihn zu sehen. Und er ahnt doch, warum es so ist, dass auch Stefan Zweig ihn nicht mehr retten kann. Nicht mit Geld, nicht mit gemeinsamen Plänen, gemeinsamen Büchern.

*

Schließlich, im Februar 1938, kommt Stefan Zweig mit Lotte doch noch einmal nach Paris. Sie treffen sich, Roth ist in katastrophalem Zustand. Irmgard Keun hat sich von ihm getrennt. Er war zum Schluss vollkommen abhängig von ihr, panisch eifersüchtig, nicht einmal austreten konnte sie noch, ohne dass er sie mit seinem Misstrauen verfolgte. Später erinnert sie sich: »In Paris verließ ich ihn mit einem tiefen Seufzer der Erleichterung und ging mit einem französischen Marineoffizier nach Nizza. Ich hatte das Gefühl, einer unerträglichen Belastung entronnen zu sein.«

Fast zwei Jahre lang waren sie das sonderbarste Paar der Emigration gewesen, der junge Greis und die weise Weltdame, der heillose Trinker und die lebensfrohe Trinkerin, zwei Kämpfer gegen den Untergang, gegen den der Welt und bald vor allem gegen den eigenen. Irmgard Keun war immer tiefer in den Unheilsstrudel hineingerissen worden.

Kisch hatte recht gehabt. Roth hatte gewonnen, sie trank und trank und konnte es bald schon mit ihm, dem Meistertrinker, aufnehmen. Dabei bewahrte sie sich den Blick für ihre Möglichkeiten, die Möglichkeiten, als Paar füreinander gut und hilfreich zu sein. Damit war es lange schon vorbei. Er klammerte sich an sie mit allerletzter Kraft, flehend wie ein Kind. Nie hat sie einen Mann so sehr geliebt wie ihn, wird keinen mehr so lieben. »Meine Haut hat sofort ›Ja‹ gesagt.« Und ihre Seele, alles, was Irmgard Keun war und ist. Aber er war ihr unter der Hand verschwunden, kleiner geworden, blasser, abhängiger, ein bleicher Schatten. In Paris musste sie stark sein, lange schon hatte sie diesen Moment gefürchtet. Der Abschied war kurz, eindeutig, in größter Eile hingesprochen. Eine Flucht, denn sie fürchtete, aus Mitleid mit ihm umzukommen. Später schreibt sie über den Abschied in Paris, das letzte Treffen: »Es war wie immer. Es war das Ende.«

Doch eine letzte Hoffnung gibt es noch im Leben Joseph Roths. Er hat in den vergangenen Monaten mehrmals den alten österreichischen Thronfolger ohne Thron, Otto von Habsburg, in seinem Exilort in Steenokkerzeel besucht. Der hat zusammen mit Roth und anderen österreichischen Legitimisten den verzweifelten Plan erdacht, dem österreichischen Bundeskanzler Schuschnigg vorzuschlagen, zugunsten des alten Kaisers abzudanken und somit den drohenden Anschluss an Nazideutschland in letzter Sekunde zu verhindern und das Vaterland zu retten. Otto von Habsburg schreibt Schuschnigg einen Brief, in dem er den Plan erläutert, doch Roth genügt das nicht. Roth ist so überzeugt von dem Plan, dass er alles unternehmen will, um ihn in die Tat umzusetzen. Alles hängt für ihn davon ab. Zweig, dem er davon berichtet, bemüht sich, den schönen Enthusiasmus des alten Freundes nicht zu trüben. Aber natürlich hält er den Plan für Quatsch. Warum sollte sich Schuschnigg darauf einlassen, warum sollte sich Hitler dadurch von seinen Plänen abbringen lassen? Auch Zweig ist ein träumerischer Liebhaber des alten Österreich. Aber er sieht doch noch klar genug, um zu wissen, dass Politik kein Märchen ist. Natürlich ist er beunruhigt, als er von Roth hört, was sein Anteil an dem Plan sein soll. Aber er hält ihn nicht ab. Er kann ihn nicht retten, er kann ihn auch nicht zur Vernunft bringen. Roth hat endgültig die Welt der Vernunft verlassen. Was soll Zweig da tun?

Joseph Roth jedenfalls hat beschlossen, selbst nach Österreich zu fahren und Schuschnigg persönlich vom Plan des Kaisers zu überzeugen. Es ist Wahnsinn. Die deutschen Truppen stehen schon an der Grenze, der Einmarsch steht kurz bevor. Und ein betrunkener Dichter in engen Offiziershosen, die er inzwischen wieder trägt, soll das aufhalten?

Ja. So ist Joseph Roths Plan. Das ist sein Heldenmut, mit dem er sich zum letzten Mal von Stefan Zweig verabschiedet. Er, der der erste jüdische Dichter war, der Nazideutschland nach der Machtergreifung Adolf Hitlers verlassen hat, ist der letzte, der vor dessen Machtübernahme in Österreich dort einreist. Er fährt mit dem Zug, lässt sich beim Kanzler melden. Doch Schuschnigg empfängt Roth nicht. Es gelingt ihm lediglich, vom Staatssekretär für Angelegenheiten der Sicherheit, Michael Skubl, empfangen zu werden. Und der hat nur eine Botschaft für Roth: Verlassen Sie so schnell wie möglich das Land. Ihr Leben ist in höchster Gefahr.

Am 11. März kehrt Joseph Roth nach Paris zurück. Am 12. März jubelt das österreichische Volk auf dem Heldenplatz den neuen Machthabern zu. Roths Vaterland und das von Stefan Zweig gibt es nicht mehr.

Sie haben sich nicht wiedergesehen, die Freunde. Jeder ist seinen eigenen Weg zu Ende gegangen. Es war nicht mehr weit. Dass er ihm keinen Nachruf schreiben würde, hatte Joseph Roth Stefan Zweig ja schon versprochen. Langsam ahnt er wohl auch, dass er ohnehin nicht in diese Versuchung kommen würde, ahnt der zehn Jahre Jüngere schon, dass sein Weg früher enden würde als der Zweigs. Roth schreibt aber kurz vor seinem Tode noch einmal über sie beide, eine Art Nachruf auf ihre Freundschaft. In einem Buch, bei dem ihm Zweig nicht mehr helfen kann, nicht literarisch, nicht lebenspraktisch, nicht finanziell, nicht verlegerisch. Roths letztes Buch, *Die Legende vom Heiligen Trinker.* Ein sonderbar sorgloser Mann taumelt durch Paris. Heimatlos, trinkfreudig und immer in großen Schwierigkeiten. Er heißt Andreas, lagert unter Brücken, er weiß, dass Zeitungen gut wärmen in kalten Nächten. Er ist am Ende, als ihm eines Nachts ein vornehm gekleideter Herr in den Weg tritt, um ihm eine große Summe Geld aufzudrängen. »Bruder« nennt er den Unglücklichen

Trinker. Der entgegnet, er wüsste nicht, dass er einen Bruder hätte, aber das Geld könne er wohl gebrauchen. Ein merkwürdiges Paar, der reiche Mann, der arme Mann. Sie sind einander verbunden. Denn nicht nur der arme Andreas ist glücklich über die überraschende Rettung aus der Not, auch der reiche Bruder beharrt darauf, dass er sich glücklich schätze, dem Armen von seinem Geld abgeben zu dürfen. Und noch etwas verbindet dieses Bruderpaar: Nicht nur Andreas lagert unter Brücken, obdach- und heimatlos, auch der scheinbar reiche Herr ist ein Umherziehender, der unter Brücken wohnt. So geschieht eine Weile lang Wunder um Wunder in diesem letzten Buch von Joseph Roth. Bis irgendwann keins mehr geschieht.

*

Als Joseph Roth im Mai 1939 in Paris die Nachricht erhält, dass sich Ernst Toller in seinem Hotelzimmer in New York das Leben genommen hat, bricht er zusammen. Friderike Zweig, die bei ihm ist, lässt ihn ins Spital bringen, wo er wenige Tage später stirbt. Stefan Zweig erreicht die Nachricht, als er in London an Romain Rolland schreibt. »Wir werden nicht alt, wir Exilierten«, schreibt er erschüttert. Und: »Ich habe ihn wie einen Bruder geliebt.«

Mystery Train

Ostende gibt es nicht mehr. Es gibt heute eine andere, eine neue Stadt, die auch so heißt. Die deutschen Truppen sind am 29. Mai 1940 in Ostende einmarschiert. Sie trafen auf keinen Widerstand. 1944 flogen die alliierten Truppen zahlreiche Luftangriffe und zerstörten die Stadt beinahe ganz. Von der Bahnhofsfassade steht heute noch ein kläglicher Rest. Die Promenade am Strand wird von weißen gesichtslosen Häusern gesäumt, der Boulevard ist breit wie damals, mit roten Steinen gepflastert. Betonbänke stehen überall herum, auf denen niemand sitzt. Es ist November 2012, der Himmel ist grau, kein Mensch ist hier. Das *Hôtel de la Couronne* ist verschwunden, an der Stelle steht jetzt ein dunkles Apartmenthaus, es heißt *Riviera*. Daneben ist eine Baulücke, man sieht die Tapeten des Nachbarhauses, mit grauen Blumen an der Wand. Segelboote im Hafen. Keiner segelt. Dann, am Meer, wo früher das *Maison Floreal* stand, heute ein gelber Zweckbau aus den Sechzigerjahren, im dritten Stock, auf Höhe der Loggia von damals, ein signalfarbenes Schild, »Te Huur«, zu vermieten. In der Langestraat, wo Almondo seinen zwei berühmten Gästen Pasta servierte, ist heute eine dunkle Kneipe, die *Manuscript* heißt, der freund-

153

liche Kellner ist schon am Nachmittag betrunken, er streift den Schaum auf belgische Art mit einem Holzschieber von den Biergläsern, es läuft *Crazy Mama* von J. J. Cale, *That's All Right* von Elvis Presley, *Sing, Sing, Sing* von Louis Prima und *Mystery Train* von Paul Butterfield. An der Bar sitzen vier Männer und schweigen. Sie wirken so, als wenn sie ihr Leben hier verbringen. Das Meer liegt grau und still, große grüne Molen ragen ins Wasser, der Strand ist leer und breit. Keine Strandhäuschen, einige frühe Weihnachtsbäume im Wind. In einer der Stichstraßen, die von der Promenade hinabführen, ein schmales, altes Haus. Im Schaufenster Masken, Seesterne an unsichtbaren Fäden, Muscheln. Drinnen eine Theke aus dunklem Holz, mehr Masken, alte Fotos an den Wänden. Eine Treppe mit rotem Teppich führt an einer kleinen Küche mit roten Emailletöpfen auf dem Herd vorbei, hinauf in das Zimmer, das Klavier ist da, das Bild mit dem Totenmarsch, das eine ganze Wand bedeckt. Eine Vase mit verstaubten Gräsern, eine andere Vase mit einem Totenkopf darauf und einem Damenhut, ein Bild in einem Fotoalbum zeigt den verstörten, alten Maler in den Trümmern seiner Heimatstadt. Das Haus James Ensors. Es ist eines der wenigen Häuser von damals, das heute noch steht.

Und die Menschen?

Egon Erwin Kisch zog über New York nach Mexiko, nach dem Krieg wieder nach New York, dann kehrte er zurück in seine Heimatstadt Prag, wo er in der Folge zweier Schlaganfälle am 31. März 1948 starb. Den Wagen mit seinem Sarg zogen sechs Pferde durch die Straßen der Stadt, während der Verkehr ruhte. Am Ende der Trauerfeier wurde die Internationale gesungen. Arthur Koestler schaffte es in Francos Hauptquartier, wurde verhaftet, verbrachte drei Monate im Todestrakt, kam frei, ging nach London, kehrte sich vom Kommunismus ab, schrieb das epochemachende Renegatenbuch *Sonnenfinsternis* und schied am 3. März 1983 zusammen mit seiner Frau Cynthia freiwillig aus dem Leben. Émile Verhaeren glitt am 27. November 1916 beim Besteigen eines Zuges in Rouen, wo er einen antideutschen Kriegsvortrag gehalten hatte, aus und wurde vom abfahrenden Wagen überrollt. Das Angebot, ihn im Pantheon beisetzen zu lassen, lehnte die Familie ab, ließ ihn stattdessen auf dem Soldatenfriedhof von Adinkerke beisetzen, wo man ihn jedoch bald schon wieder aus Angst vor den sich nähernden deutschen Truppen ausgrub und ins sichere Wulveringen überführte, von wo aus seine Leiche 1927 endgültig in seinen Heimatort Sint-Amands zur letzten Ruhe weitergereicht wurde. Friederike Roth wurde, nachdem ihre Eltern nach Palästina ausgewandert waren, von der Psychiatrie *Steinhof* in die Landespflegeanstalt Mauer-Oehling verlegt, 1940 kam sie in eine Klinik bei Linz, wo sie im Juni 1940 im Rahmen des nationalsozialistischen Euthanasie-Programms ermordet wurde. Irmgard Keun war in Holland untergetaucht, als die deutschen Truppen im Mai 1940 einmarschierten. Sie hatte vierzig Pfund abgenommen, trank unaufhörlich, manchmal wurde sie auf der Straße gesehen, mal in einer Kneipe. Sie wollte zurück nach Köln. Ihr Bruder schrieb an einen Freund: »Was mit ihr werden soll, rein praktisch gesehen, ist mir ziemlich unvorstellbar. Das, was geschrieben ist, ist allzu deutlich feindlich und wird kaum verziehen werden. Mir graust davor, dass das Schicksal Ernst in einem aus Leichtsinn und ehrlichem Bemühen seltsam gemischten Dasein macht.« Ihr gelang die Rückkehr, in einer nationalsozialistischen Literaturzeitschrift wurde triumphierend die Nachricht ihres Selbstmords verbreitet. Aber sie lebte, heimlich, in Deutschland. Auch nach dem Krieg noch viele Jahre, von den Lesern vergessen. Ende der Siebzigerjahre wurde ihr Werk durch den Journalisten Jürgen Serke wiederentdeckt. Die letzten drei Jahre ihres Lebens erlebte sie staunend als einen kleinen literarischen

Triumphzug. Am 5. Mai 1982 ist sie gestorben. Christiane Grautoff lebte ein Leben wie ein Roman, hatte viele Ehemänner, viele Geliebte und viele Freunde. Sie starb am 27. August 1974 in ihrer Wohnung in Mexiko City, sie starb so ruhig, dass ihre Enkelin Christiane, die gerade auf ihrem Bett herumturnte, es gar nicht bemerkte. Ihr Leben hatte sie kurz zuvor aufgeschrieben. Auf ihrem Totenbett fand sich ein Zettel, auf dem stand: »The one and only reason I wrote my autobiography with all my blood and sweat is ...« Willi Münzenberg war im März 1939 aus der Kommunistischen Partei ausgetreten, im Mai 1940 ließ er sich im als Internierungslager genutzten *Stade de Colombe,* in dem zwei Jahre zuvor noch Spiele der Fußballweltmeisterschaft ausgetragen worden war, inhaftieren. Er hoffte so, bald nach Südfrankreich überstellt zu werden. Sein Plan ging auf, in einer Kolonne, der auch Leopold Schwarzschild, der Verleger Kurt Wolff und viele andere angehörten, machte er sich auf nach Chambaran, in der Nähe von Lyon. Am 21. Juni setzte er sich von der Kolonne ab. Am 17. Oktober fand man seine Leiche mit einer Schnur um den Hals im Wald bei Charmes. Er war seit dem 21. oder 22. Juni tot. Otto Katz verbrachte sein Leben im Dienste der Partei, war aktiv beim Aufbau der Kommunistischen Partei der Tschechoslowakei, wurde 1952, zusammen mit zahlreichen Genossen vorrangig jüdischer Abstammung, angeklagt und zum Tode verurteilt. Seine Asche, so heißt es, wurde dem Wintersplit beigemischt und auf den Straßen Prags verteilt. Etkar André wurde trotz internationaler Proteste am 4. November 1936 enthauptet. Die 5000 Insassen des Zuchthauses Fuhlsbüttel traten daraufhin in den Streik, die Beisetzung habe unter strengster Verschwiegenheit stattzufinden, ordnete die Geheime Staatspolizei an. Stefan und Lotte Zweig sind in das kleine Haus in Petropolis gezogen. Hier schrieb Stefan Zweig seine *Schachnovelle* und beendete *Die Welt von gestern.*

Am 22. Februar 1942 schreibt er in einem *Declaração* über-schriebenen Abschiedsbrief an die Welt: »Ich grüße alle meine Freunde! Mögen sie die Morgenröte noch sehen nach der langen Nacht! Ich, allzu Ungeduldiger, gehe ihnen voraus.« Lotte hat er nicht erwähnt. Man fand auch keinen Abschiedsbrief von ihr. Am längsten ist Hermann Kesten geblieben. Er wurde amerikanischer Staatsbürger, lebte in New York, später in Rom, am Ende in Basel. Die jungen deutschen Schriftsteller waren an ihm nicht interessiert. Der Chef der Gruppe 47, Hans Werner Richter, der eigentlich keine Emigranten in seiner Gruppe haben wollte, hatte Kesten und Hans Sahl dann doch einmal eingeladen. Ein Fehler, wie der ehemalige Wehrmachtssoldat Richter in sein Tagebuch schrieb: »Beide vertrugen keine Kritik, beide waren von empfindsamer, törichter Eitelkeit, beide erwarteten Schuldkomplexe.« Kesten selbst beklagte in einer Bilanz der deutschen Literatur im Jahr 1965 bei den neuen deutschen Autoren »eine gewisse Intoleranz gegen die ehemals exilierten Autoren, die sie gar nicht mehr zur deutschen Literatur zählen oder wie in einem Getto separieren. Freilich ist eine kleine Gruppe der ehemals exilierten Autoren ein wenig empfindlich, nämlich jene, die noch am Leben sind.« Kesten starb 1996. Er wurde 96 Jahre alt. James Ensor starb am 19. November 1949 im Alter von 89 Jahren in seiner Heimatstadt. Sein Grab liegt auf dem Dünenfriedhof von Ostende. Von dort oben hat man einen schönen Blick aufs Meer.

Vor allem danke ich Marcel Reich-Ranicki, mit dem ich so oft über Joseph Roth und Stefan Zweig gesprochen habe und der gestorben ist, als dieses Buch gerade fertig geschrieben war.

Außerdem danke ich Oliver Matuschek für sein gesammeltes Stefan-Zweig-Wissen, Lotte Altmanns Nichte Eva Alberman für ein Gespräch vor rotgoldener Tapete in einem Leipziger Cafe, Rainer Joachim Siegel für seine Roth-Kenntnisse, die er so freigiebig verschenkt, Gabriele Kreis für ihr schönes Buch über Irmgard Keun, Gerhard vom Hofe für sein Heidelberger Roth-Seminar und dafür, dass er mich früh nach Marbach schickte, um dort die in grünen Kästchen verwahrten Briefe Joseph Roths zu lesen, Mike Lützeler dafür, dass er mich einen stürmischen Winter lang an sein und also auch David Bronsens Seminar berief, Albert Ostermaier und Werner Fuld für ihr Buch über Tollers Göttin. Und Julia Zimmermann, Tobias Rüther, Antonia Baum, Maxim Biller, Helge Malchow, Frank Schirrmacher, Ulla Brümmer, Horst und Renate Weidermann, Matthias Landwehr, Angelika, Stefan, Georg und Anika Loef, Olaf Petersenn, Nora Haller, Robert Wentrup, Florentine Barckhausen, Martina Nagel, Luise Schreiber, Riewert Tode, Rolf und Birgit Weidermann, allen Sonntagsfeuilletonisten und vor allem Mascha, Franz, Ida und Freia.